JN291916

みかぐらうた語り艸

桝井孝四郎

天理教道友社

序

　みかぐらうたについては、そのまとまった勉強をさしていただきたいと、かねがねから考えていましたところが、ちょうどよい具合に、教祖（おやさま）の附属家におつとめくだされる奥様方と、共々にみかぐらうたについて談じ合いをさしていただくようとの、そのよい機会を与えていただきました。ところが最初にかからせていただきましてから、最後の終わるまでに、いろいろの都合もありまして大変長びいて（もっとも月に一回のことでありましたから）年月を費やしたのでありました。がその期間中は常に、次に話さしていただくお歌が頭にこびりついていて、そのことを考えつづけておりましたので、年月は長びいたのでありましたが、私としてはよい勉強をさしていただく期間でありました。そしていつも喜ばしていただきましたことは、その場でいろいろと思いもよらん結構なことを浮かばしていただいたことでありました。まさしく教祖がわれわれにお教えくだされたものであったと、その度ごとに喜ばしていただきました。その喜びの覚めぬ間にと、その度ごとに書き留めた原稿が、ここに一冊の『みかぐらうた語り艸』となって出さしていただくことができたのであります。私としては、誠にありがたいお与えであったと喜ばしていただいております。

香志朗

昭和二十九年師走の二十六日

復刊にあたって

このたび、天理教道友社から、孝四郎祖父の『みかぐらうた語り艸』が復刊されることになりました。

これは本年より五十年前、昭和二十七年から二十九年にかけて十五回に分けて、祖父が、教祖の附属家におつとめくだされている奥様方に、みかぐらうたについてお話しさせていただき、その度ごとに書き留めた原稿を『みかぐらうた語り艸』として昭和三十年に出版させていただいたものであります。

祖父は、結びの言葉で、

みかぐらうたにこそ、教祖の御教えが、いかにも分かりやすくお教えいただいておるという思いを、今さらのようにひしひしと感じました。これのお教えくだされました当時のお道は、実にまだ信者のぼつぼつとつき始め

> たころでありました。いわばお道の子供という時代でありましょう。が教祖を親として慕い集う子供にも、十分によく分からせていただくことのできるお歌でありましたろう。しかも親しみのある、優しい、和やかなお心が溢れております。実に、誰にでも分かりやすいお歌であります。がこれを究めるとなると、なかなかその悟りの深い、大きい、くめどもつきぬという思いが致します。これいうまでもないことでありましょう。子供が月日の大きなお心に手がとどかないように、さもあろうことと思います。が、大きい深いお心をまともに掴めないと致しましても、その親心の一端にでも触れさしていただくことのできたということは、私のとても言われないよろこびであります。しかも、みかぐらうたさえしっかりわが心に悟りをつけて、これをおさめて、この道を通らせていただくことができましたならば、こんなありがたいことはないと、今さらのように感じさせていただきました。

と誌しております。

教祖百二十年祭に向かう三年千日の前の年、年祭活動に取り組むにふさわしい、心の下地づくりにつとめさせていただくこの時、成人の歩みを進めさせていただく上での一助となるならば、祖父も大変喜んでくれるものと思います。

なお、初版本の出版は、『稿本天理教教祖伝』および『稿本天理教教祖伝逸話篇』が公刊される以前のことでありますから、祖父が先人から聞いて語っていることでありましても、現在では誤解を招く恐れのある個所につきましては、削除いたしました。また、一部を現代仮名遣いに改めました。

最後になりましたが、この本の出版にあたってご尽力くださいました道友社の皆様に、心から厚くお礼を申し上げます。

平成十四年九月

桝井幸治

目次

みかぐらうた語り艸

前の言葉

私はこのたび教祖(おやさま)の附属家(ふぞくや)にて奥様方に、みかぐらうたについてご相談するようにとご命を頂き、誠に嬉(うれ)しく感じさせていただきましたことは、教祖ご存命で、このおやしきのこのお住まいにとどまっていてくだされるのである、ということを感じまして、なんともいい得ない感激を覚え、かつ喜びを感じまして、このみかぐらうたについてのお話を勧めさしていただきたいと、お受けさしていただいたのであります。というのは、私は時々おぢばにおけるご本部の講習会に出さしていただきます時には、いつもまずこう申すのであります。

皆様方が遠方からはるばるお帰りくだされて、おぢばで講習会をお受けくだされる意義は、おやしきには教祖がご存命でいらせられるのである。この講習会は、形において、われわれ指名を頂いた者がお話をさしていただくのではあるが、決してわれわれが皆様方をお仕込みするのではない。それよりもっと大切なことは、存命の教祖がお働きくだされまして教祖がお仕込みくだされるのである、教祖に仕込んでいただくのであるということに、まず皆様のご思案をしていただくことが大切なことである。これを分かっていただくところに、講習会がおぢばにお開きくだされる真意が分かっていただいて、教祖のお心、教祖の子供に対する思わくをも、しっかり掴んでいただいて、お帰りくだされることができるのであると、かようにお話をさしていただいているのであります。こうした意味から、教祖はおやしきにまさしくおいでくださる。しかもこの教祖殿のお住まい、この附属家にて、みかぐらうたについてお話をさしていただくということは、私が皆様にお話をさしていただくのでない、教祖が、まずみかぐらうたは「こうした私の心が現してあるのや。これが月日様の親心である」と親しくお互いに教えてくだされるのである。とこう誠に僭越ではありますが、悟らせていただいて、誠にありがたい機会を与えていただいたと思案をさしていただいておるのであります。

宵の間は灯りの一つの処は二つも点け、心ある者話もして暮らして貰いたい。一日の日が了えばそれ切り、風呂場の処もすっきり洗い、綺麗にして焚いて居る心、皆それ〱一つの心に頼み置こう。
（明治25・2・18）

これはご存命であらせられるとの、おさしづの一つでありますが、実にこう仰せくだされますように、教祖はここにおいでくだされるのであります。「心ある者話もして暮らして貰いたい」と仰せくだされますように、あれやこれやと子供の願い事も、お聞きくだされますように、心待ちにいてくだされるのである。また、この願い事には、必ずや教祖のお言葉もめいめいの心の耳にお聞かせくだされるのである。これがお互いの信仰であり、これがお道のありがたみであり、ここにたすかるものがあるのであります。

こうした私のご存命の信仰から、いろいろとみかぐらうたについて、私に教祖のお心のあるところをお教えくだされるのである。私が皆様に話するのでない、教祖がお互いに教えてくだされる機会をお与えくだされたものとして、よろこびの心をもって勤めさしていただくのでございます。

陽気なみかぐらうた

まず最初にみかぐらうた——とこう考えた時、このみかぐらうたに対して感じる気分は、何よりもまず陽気という感じであります。これはただ単に私一人の感じであるのみならず、皆様方の感じも必ずやこれであると思います。

陽気は、月日様がこの世の中をお創(はじ)めくだされた唯一の思わくでございます。すなわち、ない人間ない世界をお造りくだされます時、ただ月日両神二人居(お)っただけでは、なんの楽しみもない、そこで人間というものをこしらえて、この人間が陽気遊山(ようきゆさん)に楽しく暮らすのを見て、親神も共々に楽しく暮らしたい、という親神様の真実から、この人間世界をお創めくだされたのでありますから、この陽気こそ、親神様の子供に対する唯一の思わくであり、お望みであります。

「わしは子供の時分から陰気なものであったが、七十すぎて踊るようになったのやで」

これは口伝（くでん）として聞かしていただいておる教祖のお言葉でありますが、このお言葉こそ、みかぐらうたの真意を実に適確にお示しくだされているではありませんか。教祖七十歳と申せば、慶応（けいおう）三年の年であります。みかぐらうたのご製作は、この前年から始まっております。教祖お小さい時には、陰気なご性分（しょうぶん）であったのでございましょう。ご入嫁前には尼（あま）になりたいとも仰せになったと伝えられております。そのご性質の教祖が、しかも身はご老体ともいうべき七十歳にもなられてから、しかもご境遇は貧のどん底にあらせられながら「陽気に踊るようになったのやで」と仰せくだされております。ここにこそ、みかぐらうたの心も身も躍る陽気が宿されています。年とって腰が曲がったから踊れないのではない。病んで床についているから踊れないのでない。みかぐらうたを拝唱する時、たとえ身は悲しみのどん底にありながらも、心は陽気に、勇まずにはおられない境地をお与えくだされてあるのであります。ここにみかぐらうたによって身も心もたすけてくだされることのありがたいことを仰せくだされているのであります。

よろづたすけのみかぐらうた

人の気分がいずんでいる時、すなわちほこりの心にまみれている時、どうにも人間力ではならないと持てあます時、みかぐらうたを唱えさせていただくならば、その人間心のほこりはすっかり洗い清められたように、気分もすがすがしくならしていただける。これは事実である。これは私一人の感じではない。その時の感じ——黒雲がすっかり拭い取られて、青空に月様、日様を見せていただくような感じ、ここにたすけていただくものがある。これ教祖の温かな親心に抱かれた感じといいましょうか、ここにこそ救われる境地がある。これ、みかぐらうたに宿されている教祖の子供可愛い親心であります。

また身上が悪いという。病人の枕元でみかぐらうたを歌いおつとめをした。たすかったという話は、子供のころから聞かしていただく話である。これは人間心、人間考えからいうならば、理屈の合わないことであるが、不思議なご守護を頂いて、たすかったということは事実である。

どこそこに病人ができた。それが知れると大きな長持ちが、その家に持ち込まれる。長持ちが持ち込まれるや、家の中からは賑やかな声が聞こえてくる。長持ちさえ持ち込まれたら、その家の病人はたすかったのや、とは子供心にも聞かしていただいていた話である。長持ちの中にはおつとめの道具一式が入っていたことはいうまでもない。みかぐらうたにこそ、たすけてやりたいとの教祖の親心が、ちょっと触れただけでも、こぼれるほどに満ち満ちているのであります。

また、これは事情をたすけていただかれた話でありますが、ごく最近のこと、大阪の扇町公園を力なく、当てもなく、気のぬけたように歩いていた二十五、六歳の青年がありました。布教師はそれを連れて、おぢばに帰って来ました。そしていうまでもなく修養科に入学をさせました。その青年というのは、今なお親も兄弟も大阪で立派な暮らしをしておられる家の息子である。が今日まで親不孝をし、感化院にも五、六カ所入れられて厄介をかけてきたという不良青年である。その青年が、拾われたようにして修養科に入れてもらったのである。ところでその青年の一番に困ったことは、これはその人にかぎらず、今の場合であるから、誰も修養科生の感じることではあるが、食事の不自由ということであった。今までは、食生活において何とかして無理をしてでも腹はいっぱいに食べてきたのであるが、お金もなし、食事の不足が一番に困ったのである。ところがフトその青年は、みかぐらうたに気づいて、それを大きな声で力いっぱい唱え、無我夢中というような気持ちでおてふりを振ったというのである。ところがこの親不孝な息子でありながら、しかも親の財産をどうかしてだましてでも自分が取ってやろうと考えていたこの青年が、目から涙さえぼろぼろとこぼして「ああ申し訳なかった」、今日までの、親に心配をかけ兄弟から見向きもせられないほどに不良をやってきた自分の心が申し訳なく感じられて、さんげと教祖への感謝の念がいっぱいになって、涙となって流れ出るのであった。お腹の空いているぐらいのことは、いつとはなしに飛んでしまっているのであった、という話である。みかぐらうたのよろこび、みかぐらうたの不思議なるご守護はここにもあるのであります。

これはまた私の子供の時、子供心にも、母親にこんなことをいって聞いたことがありました。私の出里は、おやしきから五十町ほど離れている七条村という小在所でありました。伊三郎父がおやしきに寄せていただいて、帰る時はいつも真夜中である。夜明けの鶏の鳴き声を聞く時もあったと聞いて

おりましたので、

「お父さんは真夜中にあの寂しい野道を一人帰って来るのに、よう寂しいことも、恐ろしいこともなかったのやなあ。途中には高坊主(たかぼうず)の化け物の出る所もあるし、ようも恐ろしいこともなかったのやなあ」

といって、母親に聞いたことがありました。すると母がいうのに、

「お父さんは、おやしきへの行き帰りはいつもみかぐらうたを歌(うと)うておられたのや。特に夜分なんかは、おやしきを出るとみかぐらうたを歌い出す。野道にかかると特に大きな声を出して歌われる。その手は手で、お歌に合わせて振って帰られる。ちょっとも恐ろしいことも寂しいこともなかったのや。夜分機(はた)を織りながら起きて待っている。寝静まっているものやから、外から物音一つ聞こえてはこない。その静かな中から、遠い所からお父さんの歌っておられる陽気なみかぐらうたの歌い声が、門口の戸の開けられる前から聞こえてくるのや。その迎えるお父さんの顔色はいつもいつも陽気なものやった。時には風呂敷包みなんかが、首に結びつけてある時があるのや。荷物を手に持っていたら、おてふりができんからやといってニコニコしておられたものやで」

と聞かしてもらったことがある。みかぐらうたのご守護はここにもあった。教祖の親心に抱かれてさえいたならば、寂しいことも恐ろしいこともないという感じであります。

　実にみかぐらうたにこそ、人間の気持ち、身上、事情、寂しい、恐ろしい、何であれ救われるもの

があります。これはいうまでもなく、教祖の親心の現れ、すなわち月日様の子供たすけたいとの親心の現れたるみかぐらうたなればこそであります。

道のたすけ一条は「おつとめ」「おさづけ」にこそあるといわれる所以でもあります。

みかぐらうたの深み

教祖の親心の深みが、すなわち、みかぐらうたの深みであります。教祖の親心とは、

「世界中はこれ皆可愛いわが子、一人残らずたすけ上げずにはおかん」

というのが教祖の親心であります。でありますから、みかぐらうたを拝読さしていただく時、文字の読める方であるならば、また耳の聞こえる方であるならば、いかに子供であっても、物事の悟り得られる年ごろでさえあるならば、誰であっても、みかぐらうたはその人の心の成人に応じて、悟らせていただくことができるのである。言いかえれば、誰にでも分からせていただけるように、ご製作くだされてあります。それならば、智者学者がみかぐらうたを読ませていただいて、その親心をすっかり分からせていただくことができるかというと、これまた決して掴みつくせないということは事実であります。誰にでもその人相応に分からせていただくというところに、実にありがたい親心がある。ここに月日様のお心の大きさ、深み、お道の大きさ、深み、強みがあるのであります。

目で読ましてもらって味がある。口で唱えさしてもらってなお味がある。手を振らしてもらってなお一層の味がある。立って踊らせていただいて一層のよろこび、陽気となって現れてくるみかぐらうたであります。

あらゆる場合、できるだけのことをして、どうでもたすけてやらねばならんという教祖の親心が、実にありありと現されてあるみかぐらうたであります。実にお道の生命であります。

みかぐらうたの始まり（十二下りご製作）

みかぐらうたの中には、十二下りのほかに前に三つのお歌とよろづよ八首のお歌とがあります。これらのお歌につきましてはこの次に申し上げますが、慶応三年からご製作くだされたというのは、この十二下りのことであります。すなわち慶応三年の正月早々からご製作になり、まず三下りは先にご製作になり、後の方もその年の八月までには全部ご製作になりました。これはご推察申し上げるところ、口で教祖がお伝えくだされまして、それも一度二度ではもちろんなく、なんべんもなんべんも仰せくだされましたものを、先輩の先生方が耳で聞かしていただかれて、それを心に覚えられたもののようにうかがわれます。古いものを、めいめいの家にあるものを見せていただきましても、その人によりまして、意味は違っておりません。もちろん同じ意味でありますが、その書いておられる文字が思い思いになっておりますところから思案さしていただきますと、口伝を書かれたように推察されます。これに反して、おふでさきの写本なんかを見せていただきますと、その字体までが同じように原本に合わして書いておられる点と考え合わします時、みかぐらうたは原本を見て写しておられるように思われません。わが心に覚えている歌を書いておられるように思います。

おてふりの始まり

おてふりももちろん教祖がお定めくだされたものであります。そして、

「手は形を振るのやない、心に理をしっかりおさめて、理を手で振るのやで」

と仰せくだされたということであります。間違いなく振ることは肝心なことではありましょうが、まず心にしっかり理をおさめさしていただくということが、大切なことであります。

こうして節も定まり、初めて手をおつけいただかれた方は六人とも聞かしていただいております。すなわち豊田村の仲田儀三郎先生、同じく辻忠作先生、前栽村の喜三郎さん、同村善助さん、三島村の北田嘉一郎さん、以上五人がお手で、お歌が村田幸右衛門先生と聞かしていただいております。喜三郎さん、善助さんの両人は、前栽村の方であって姓も調べれば分かりますが、今のところはこうしておきます。

みかぐらうた鳴物の理

みかぐらうたの鳴物は九つである。この九つの理は、人間身上は九の胴といって九つの道具がある、すなわち首から上に目、耳、鼻、口の四つ、胴体には両手、両足、男女の前の道具の五つ、合計九つの道具がある。この理によって九つの鳴物とお定めくだされてあります。

「目」は二つあってもその働きは一つである。二つの目があるからといって、二つのものを見ることはできないのであって、働きの理は一つである。目の役は、ものの善し、悪(あ)しを見分ける役であります。

「耳」も二つあっても、その働きは一つである。二つの耳があるからといって、二つのものを聞くことができません。働きの理は一つである。耳はものの善し、悪しを聞き分ける役であります。

「鼻」も二つ孔(あな)があっても、もちろん一つであります。鼻はものの善し、悪しを嗅(か)ぎ分ける役であります。

「口」の役は、目でものの善し悪しを見分け、耳でものの善し悪しを聞き分け、鼻で善し悪しを嗅ぎ分けて、悪しきところはわが心に治めて、人には口で善きことをいうて促すのが口の役であります。

「手」は二本あるごとく、働きも二つで別々である。別々に働きができますから、二つの道具である。

手は仕損ないのないように、働かしてもらわねばならないのであります。

「足」も二本あるごとく、働きも二つで別々であります。足が別々に動くので歩きもできるのであります。足は運び損ないのないようにさしてもらわねばなりません。

「男女の道具」――これは使い損ないのないように使わしてもらわねばなりません。

以上の九つの道具の使い方によって、ほこりを積み、いんねんを重ねて、病み災難となって現れるのでありますから、この九つの道具こそ、人間にとってはなくてはならぬ道具であるだけに、日々は心を弛(ゆる)めず、毎日いつも親神様の思わくに適(かな)うように気をつけて使わしてもらわねばならないのであります。

以上の九つの道具の理が、かぐらづとめの九つの鳴物の理になっているのであります。

そこで鳴物は九つであっても、一つに合うところに何ともいえない気持ちのよい陽気となって現れるのであります。これこそがつとめの気分であります。いくら上手な方がその鳴物の中におられても、皆めいめいが自分に合わせというような気持ちでは、決して合うものではない。互いに人に合わすという、そのわが身の我をおさえて、人にゆずり合うという気持ちでこそ、九人であっても、九つの違った鳴物であっても、一つ心であるごとく、一つに合(お)うて、陽気な気分を味わしていただくことができるのであります。

九つの身上の道具でも、思い思いでなく、一つ心、一つの理、すなわち天理に適うように一つに使わしていただく時、身上は壮健に、いとも陽気に通らしていただくことができるのであります。

この世の中は、互いに抱き合う、互いに合わすということが、天理に適うことである。天地抱き合わせの天理の世界である。すなわち、月日抱き合わせの世界である。月といえば水である。日といえば温みである、火である。これ全く性質の相反するものである。が、互いに抱き合うてくださっているなればこそ、温み五分、水気五分、五分五分のご守護を頂いて、人間は申すまでもなく万物はことごとくそれぞれ成長さしていただいているのであります。

形は九つであっても一つ心、一つ理に合わして一つでなければならん。これが天理に適うことであり、陽気であります。すなわち身上に九つの道具があっても、一つ心に合わすところに身上まめ息災にご守護を頂き、陽気に暮らさしていただくごとく、鳴物にも九つの道具があっても、一つに合わさしていただく時、陽気な気分がいっぱいに漂うて、何ともいえない心のよろこびを感じさせていただくことができるのであります。ここに九つの鳴物、九つの道具の理があるのであります。

いま身上に九つの道具がありますから九つの鳴物の理を説かしていただきました。が、実はいま一つ食べたものを下に通じる大きな役をしているおいどがあります。ところがこれは、後ろから見ても前から見ても、人からも見えない、わが身にも見えないところについてある。しかし大きな役をしているのである。見えないところについてあるのは、人間わが身十分に通ったならば、人にたんのうをささにゃならん、わが身は人に一歩ゆずって、わが身は苦（九）で通らねばならんのである。苦の世界、苦のしゃばというのは、わが身一歩ゆずって、九で通ることをお示しくだされているのである。九で通るところに世界は円満に丸くおさまるのである。おいどは一つの大役をしていながら、人にも見えない大きな働きをしている。陰にあって本当に縁の下の力持ちのご用をしていてくれるのである。人間はわが身十分であってはならないのである、どこまでも九であって、たんのうをして通らせてもらわねばならぬことをお教えくだされてあるのである、と聞かしていただいております。

鳴物のしん

いまここで述べますのは女の鳴物、すなわち三味(しゃみ)、胡弓(こきゅう)、琴の鳴物について話すのであります。この最初の手をつけられた時のことであります。

明治九年の盆前のころでありました。永尾(ながお)よしゑ奥様（当時飯降(いぶり)よしゑ様、すなわち飯降本席様の娘様）が右の人差し指を患われたのでありました。そのころは櫟本(いちのもと)におられた時のことであります。指を患われたものでございますので、早速おやしきの教祖にお伺いになりました。すると教祖は、よしゑ様に、

「よっしゃん、三味線を始めんや」

とおっしゃったのであります。「教祖は変なことをおっしゃる」と思いながら、よしゑ奥様は、前の

家から三味線を借りてきて、お師匠さんから三味を習われたのであります。

その後またしても明治九年のことであります。前のように同じ右の手の指を患われましたので、またおやしきに出て、教祖に伺われますと、教祖は、

「世界の鳴物とは違うのやで、つとめ一条の鳴物やで」

と仰せになりました。そこでまた、おっしゃるままにつとめの鳴物の稽古（けいこ）をせられたのであります。

話が変わって、これはまた上田ナライト様のことでありますが、明治十年のその後のことでありますが、ナライト様が身上になられました。その身上というのは不思議な身上で、身が前後にフラフラとゆれて、どうしても止まらんのであります。それでお父さんの嘉助（かすけ）さんと兄さんとが、身上の動かないように身体（からだ）をつかまえられるのであるが、どうしても動きが止まらぬ。動きが止まらんどころか、持っている自分らの目がまわって、辛抱（しんぼう）ができんのであります。そこで、これはどういう訳であろうかと、お父さんの嘉助様がおやしきに出て、教祖にお伺いになったのであります。すると教祖は、ナライト様のことで、

「胡弓の稽古をさしや」

と仰せになったのであります。

ところが、また話が変わって、これも明治十年のその後のことでありますが、教祖が、豊田村の辻とめぎく様（辻忠作先生の娘さん）に、

「琴を習いや」

とおっしゃったのであります。しかし父の辻忠作先生は、

「われわれの家は、百姓のことであるし、そんな琴なんかを習わせても」

といって、そのままに打っちゃっておかれたのであります。すると忠作先生の右の手の腕のところに、大きな出来物ができたのであります。それでその身上から教祖のおっしゃったように、娘に琴の稽古をさせねばならぬと気づかれて、琴を買うことに決心され、郡山(こおりやま)に琴を買いに行かれた。その途中、櫟本のよしゑ様のお宅、すなわち飯降伊蔵(いぶりいぞう)様のお宅にお立ち寄りになりました。見ると忠作先生が手に大きなホータイをして、いかにも痛々しく右の手を首からつり下げておられる。それを見て飯降伊蔵先生はビックリして、「どうしたのや」とお尋ねになった。すると忠作先生は、実はこうした訳やと話され、これから郡山へ琴を買いに行くのやといわれて、郡山へ行かれました。ところが郡山の琴屋で琴の応対をしておられると、その腕の出来物がつぶれて、その痛みもすっきり治ったのであります。いよいよこれは神様の思わくであったのやと心も勇んで、その大きな琴を右の痛んでいた手で肩にかつぎながら、帰り道にまた櫟本の飯降先生のお宅に立ち寄られたのであります。そして、忠作先生と飯降先生とが、

「百姓娘が琴を習うのや」

「でも教祖のおっしゃることなら、それが神様の思わくや。家(うち)のよしゑも三味線を習えとおっしゃる

ので、習っているのや」

「そういえば、園原の嘉助さんの娘さんのナライトさんも、胡弓の稽古をしているというやないか」

二人は笑いながら、こんな話をしておられたとのことであります。

ところがまたしても、よしゑ様に三度目の指の痛みが起こったので、おやしきの教祖にお伺いになりました。するといよいよ、

「おつとめの鳴物の手合わせをするのやで」

との教祖の仰せであります。それで三人は仰せられるように始められました。

これが明治十三年旧八月二十六日のおつとめに間に合ったのであります。明治十三年の八月二十六日のおつとめとは、当時秀司先生がおやしきに信者らの帰れるようにと、なんとかしてその方法をつけたいものとのお考えの上から、金剛山の麓の地福寺の出張所の看板をおやしきにかけて、おやしきに神仏混合の詣り所を始められた。その開筵式のおつとめであったのであります。すなわち外では坊さんがごまを焚く、内ではいとも陽気に勇ましくかぐら本づとめをなされた。このおつとめの鳴物に間に合ったのでありました。これが本づとめの初めての手合わせでありました。もちろんこれまでにもおつとめをせられたこともあったのであるが、これはみな、学びであったのであります。このおつとめのためにとの思わくから、三人に教祖の鳴物のお急き込みがあったのであります。この三人を「鳴物しん」と仰せになりました。

話は前にもどりますが、明治十年のこと、よしゑ様に鳴物の手をつけよと教祖がおっしゃったので、稽古をせられたのでありましたが、なかなかうまくできないのであります。それでそのことを父なる伊蔵先生におっしゃると、伊蔵先生はおやしきに帰られて、教祖にそのことをいって伺われたのであります。すると教祖は伊蔵先生に、

「扇をもて」

とおっしゃいました。それで伊蔵先生が扇を持たれますと、次のようなお言葉が飯降先生の口から出たのであります（伊蔵先生は扇のさづけを戴いておられ、このお方にのみ言上の伺いといって、言葉の出ることを許されていたのであります）。

「習いにやるのでも、教えに来てもらうのでもない。世界から習うものはなんにもないで、このやしきから教えて出すので理があるのやで、さあ神が仕込むで……」

とおっしゃったのであります。その後よしゑ様がおやしきへ帰られますと、教祖が、よしゑ様に、

「わたしみたよなものや、三味もったこともないものや、よしやん、かなにしやんや」

とおっしゃったのであります。この意味は、〝これから鳴物に手がついたら、また皆に教えんならんから、教えられる者は、三味の持ったこともない者ばかりやから、かなあようにしや〟ということであります。実に意味深い教祖の親心ではありませんか。

こうして鳴物をお定めくだされたのであります。

以上申しますように、みかぐらうたに関しては何一つ人間が定めたものはないので、これ、みな節にしてもおてふりにしても、鳴物にしても、ことごとく教祖のお心、思わくから出たものであります。すなわちぢばの理のこもったものであります。なればこそ、ただ今は一万三千教会にも部下は増えてはありますが、これことごとく一式、一色のみかぐらうた、おつとめでなければならないのでありま す。ぢばの理の流れるところにお道の生命があるごとく、ここにもぢばの流れをくむ節であり、おてふりであり、鳴物の調子でなければならんのであります。これでこそ月日親心なる教祖のお心が世界の隅々にまで流れて、たすけていただくことができるのであります。

（昭和二七、三、一五）

朝晩のおつとめ

「あしきをはらうて……」

「ちよとはなし……」

「あしきをはらうてたすけせきこむ……」

右三首のお歌は、朝晩のおつとめのお歌であり、またこれはかぐら本づとめのお歌であります。本づとめについては後で説かしていただきますが、まず朝晩のおつとめについて話さしていただきます。

この朝晩のおつとめは、暮らしむきの上から考えますならば一番に肝心なことであります。日々はご飯を食べなければ生命をつなぐことができない。だからご飯を頂くことは忘れられない肝心なことでありますが、これ以上に大切なことは朝晩のおつとめであります。いくらご飯を頂きましても、まず親神様のご守護を頂かなければ身につかぬ、生命もつないでいただけないのでありまして、そのご守護を下さる親神様に対してのおつとめを怠っているようでは、親神様を信心さしていただいているお互いと致しまして、誠に申し訳のないことであり、まずこれが、子供が親に対するつとめの第一に肝心なことであります。

月日のご守護の世界、たすけてやりたいとの親心に満ち満ちている世界にわれわれは出していただいているのでありまして、いくらたすけてやりたいとの親心がいっぱいにありまして、いわば温(ぬく)みと水気(すいき)のご守護がいっぱいに満ちておりましても、蒔(ま)かぬ種は生えんのであります。たすけてやりたい親心がありましても、手は片手では鳴らぬごとく、この親心に対して、たすけていただきたいという子供の親にすがる心があって、初めて手は二つ一つの理であざやかな音を立てて鳴るのであります。この親に対する子供のすがる心、願う心、これがおつとめであります。

朝晩のおつとめは、朝はその日一日中の難を逃れさしていただくよう、また今日一日はまめ息災に通らしていただくようとお願いするのである。いずれに致しましても、この親神様のご守護が一分一秒たりともなくてはこの世の中に置いていただけないのであります。

晩はまた、その日一日中のご守護を頂いたその心からのお礼を申し上げるのである。お願いをして、そのお礼を申し上げることを忘れているようなことでは、それは道ではない。いわば戸を開けて閉めるのを忘れているようなものである。物を借りて返さないようなものであります。

この朝晩のおつとめは誰にでもできることである。子供にでもできる。する心さえあれば誰にでもさしていただけるおつとめである。誰にでもできるということは、これは一番大切な肝心なことであります。世界中は可愛(かわい)いわが子、ひとり残らずたすけ上げずにはおかんというのが親神様の親心であり、これこそが教祖（おやさま）の親心である。だから教祖の教えてくだされることには、あの人にはできるがこの人にはできぬというような、かけ隔てがないように、誰にでもしようという心さえあれば、さしていただけることを教えてくだされている。誰にでもできるおつとめであるから、世界中の子供を皆残らずたすけてやりたいとの思わくの上から教えてくだされたおつとめであります。これが一番に大切であります。

朝晩おつとめに出ていない人が身上（みじょう）になったとする。身上になったから神様に願い出る。すると、あれは誰やろうなあ、どこの人やろうなあ、一向に見たこともない人やなあ、というようなものやとおっしゃる。ところが毎朝毎晩おつとめに出さしていただいている。たまに出られないとする。あの人どうしたのやろうかと案じもしてくだされる。さあ身上になったから、お願い申し上げる。待っていたというふうにご守護を下される。これなんでもないように考えているおつとめであるが、この何でもない日々のつとめから、たすからん身上もご守護を頂くことになるのであります。

　つとめさいちがハんよふになあたなら
　天のあたゑもちがう事なし　一〇　34

このおうたの中には、実に意味深長なる親神様の思召（おぼしめし）が含まれております。

おつとめの始め

さてこのおつとめの最初はどういう具合であったか。文久三年ごろからいわゆる道の子供がぼつぼつおやしきに引き寄せていただかれたのである。この当時にはもちろんまだおつとめというものも定まっていなかったのである。ただ親神様の前で線香を立てて、口では「南無天理王命、南無天理王命」と唱えながら、拍子木を叩いてお願いをするというのが、いわゆるおつとめであった。だからその唱える数も定まってはいない。立ててある線香の消えるまで続けるというのであった。こういう具合であったので、ある先生のごときは線香を短く切って立てておつとめをしておられた。すると教祖の目に止まって、それではつとめ短いと、注意された方もあったという話である。用事が忙しいから、早く帰らねばならんから、というようにわが身勝手なつとめをしているようなことでは、受け取ってはもらえない。心からのつとめでなければならん。心のつとめ、身のつとめである。親神様は役を受け取られるのでない、つくす心を受け取ってくだされるのであります。

ところが慶応二年の六月のことであった。小泉村の不動院の僧がおやしきに乱暴に来たことがありました。その時のことを、後になって、こうおさしづに仰せになっています

元々はなあ、何処の坊主やら分からん者が、門口さして暴れさって〳〵、どうしょうや知らんと

思た事もあったなあ。そら六月頃やあったなあ。その時の事を思えば、夢見たような事に成ったなあ、偉い事に成ったなあ。
（明治31・12・31刻限）

六月頃の話、坊主来よったのがあら古い事、畳へ刀を抜きやがって、ぐさと差しよった事もあって、どうしょうやなあ、こうしょうやなあ、その時の事第一思う。
（同）

こうおさしづでお話しくだされている。こうした乱暴事があったので、

「あしきはらいたすけたまへ天理王命」

とのお歌及びお手をおつけくだされたのであるが、もちろんこれとても神のなされていることであった。すなわち慶応二年の年にこのお歌及びお手をおつけくだされたのであります。そしてこの時に、いま一つの理由をいわれています。「南無天理王命」の天理王命は神であるが、南無は仏である。これは神仏混合であるからと喧しくいったので、こうなされたとの話もあります。そうしたおつとめをお始めくだされる一つの機縁になったというだけで、これはまた親神様の思わくの上からなされていることであります。と申しますのは、「なむ」の「な」というのはくにとこたちのみこと、「む」というのはをもたりのみことと聞かしていただいておりまして、「なむ」とは決して小さく仏法と限ったものではないのであります。教祖のお教えくだされるこの天理の道は、もっと大きいのであります。

二十一ぺんの理

この「あしきはらい……」は二十一ぺん繰り返す。その二十一ぺんのわけであるが、いろいろに悟られています。十十（じゅうじゅう）たっぷりはじまる理であるとか。

二十一ぺんは七、三の理である。七は七柱の神様、七柱目の神様はたいしよく天のみことであって、切る理である。三は三柱目の神様であるくにさづちのみことであって、つなぐ理である。

あしきを払うであるから、切って（七柱目たいしよく天）もろうて、たすけたまへであるから、つないで（三柱目くにさづち）もらうの理である。三七、二十一ぺんである。

三日三夜（みっかみよさ）に宿し込み、三年三月（さんねんみつき）とどまって、奈良初瀬（はせ）七里の間を七日かかって生みおろされた。この三日三夜、三年三月、七里、七日の、七三の理であるともいわれております。また身の内には、すなわち人間の心には二十一のあしきがある、それを払っていただくための二十一ぺんであるともいわれておる。こうした理もあるであろうが、またもっとほかに理があるかもしれない。親神様のお心、思わくは大きく計られないように。

ちよとはなし……

ちよとはなし　かみのいふこときいてくれ
あしきのことはいはんでな
このよのぢいとてんとをかたどりて
ふうふをこしらへきたるでな
これハこのよのはじめだし

なむ天理王命　よし〳〵

このお歌は明治三年にお作りくだされたものであります。

「かみのいふこときいてくれ」とは何ともいえない親心が現れているではないか。親が子供に、どうかお願いであるから私のいうことを聞いてたすかってくれ、これがたすかる話であるからと、いかにも温かな月日の親心をしんみりと現していてくださるお言葉であり、これを聞かしていただくわれわれ子供たるもの、どうでもこうでもたすけていただかねばこの親心に対して申し訳ないという心にならせてもらわねばならんのであります。このお歌を読ましていただいただけでも、月日様なるお心をわがお心としてくだされている教祖と、人間である子供のわれわれとは離れられない、親しみのある間柄である、と悟らしていただかずにはおられないのであります。

「あしきのことはいはんでな」

人間の心というものは、なかなか疑い深いものである。これは誰しもの持ち前の心であろうが、これから話すことは、決してためにならぬことをいうのではない。聞かさずにはおられない、たすけずにはおられない親心の上からいうことであるから、まあよく聞いてくれ。というように、月日の真実、教祖のたすけ一条の真実をいっておられます。

「このよのぢいとてんとをかたどりて　ふうふをこしらへきたるでな　これハこのよのはじめだし」

この世は、地と天、すなわち月日様が始まりである。天は月様、地は日様と仰せくだされますように、この月日抱き合わせの中に、抱きかかえるように出していただいている総(すべ)てであります。この世の中に出していただく限りにおいては、この月日様のご守護の外に出るわけにはゆかないのであります。

元々人間は、いざなぎのみこと様を男雛型(ひながた)として、それに月よみのみこと様を男道具として、それに月様（くにとこたちのみこと様）のお心が宿りてこれ男、いざなみのみこと様を女雛型として、それにくにさづちのみこと様を女道具として、それに日様（をもたりのみこと様）のお心が宿ってこれ女、この男女なる神様が、ぢばにて三日三夜に宿し込まれて、三年三月とどまって、国々に生みおろしてくだされまして、初めて人間をおこしらえくだされました。その理をかたどって、天は月様、地は日様であるごとく、「天は父や、地は母親の体内と同じご守護の理や」と仰せくだされますように、今日も夫婦の中において、人間子供を生ましてくだされるのである。が、形はそうであっても、人間が子供を生むのではない。

　たいないゑやどしこむのも月日なり
　むまれだすのも月日せわどり　六 131

と仰せくだされるように、月日様の思わくにて人間子供を与えてくだされるのである。そしてまたこの月日様のご守護によって、この世の中に身二つにして、母親の体内から出してくださるのである。身二つにしていただきましたならば、いかなるその日暮らしの貧しい女房でありましても、お乳をゾクゾクとお与えくだされるのである。与えてくだされたお乳、それは天の与えである。わが身であるからわが身勝手、わが身力で出したものではない、そのお乳は天の与えであるから、昨日今日生まれた子供でありましても、母親の乳首を赤ちゃんの口の中に入れたならば、子供は夢中になって、チュウチュウと吸うのである。その子供が乳の吸い方が分からないからといって、乳の吸い方を教えることもできなければ、乳首から乳をつぎ込むこともできないのであるが、与えられたお乳、それは天の与えであるが故に、そこに神様のご守護が宿っておるなればこそ子供がチュウチュウと吸う。吸うておりましたならば、その子供はいつとはなしに、一寸二寸と成人さしていただくことができるのである。これは誰の力でもない、神様のご守護であるというよりほかないのであります。

では乳をはなれたわれわれお互いはどうして生命をつながしていただいておるのであるか。いうまでもなく見えた形からいえば、米を頂き、麦を頂き、その他、人参（にんじん）、大根（だいこん）、野菜と、いろいろのものを頂いているのである。では、こうしたものはどこからできてくるのであるか、これはいうまでもなく地から与えられるのである。では地というのは何であるか。天は月様、地は日様であるごとく、天は父やで、地は母親の体内と同じご守護の理やで、と教えてくださるのであります。

すなわち月日様が人間をこしらえてくだされました理にかたどって、夫婦から人間子供をこしらえさしていただくのである。だからして、夫婦たる二人も月日様のお心をわが親たるものの心として、通らしていただかねばならんのである。そこに初めて、与えていただいた子供も、月日様のお心に適（かな）うような人間に育て上げることができるのである。月日親神様から人間ができたごとく、夫婦二人から人間を生ましていただいて、この世の人間がだんだんと増えていく。その元が人間夫婦なるのであるから、まず二人の心が教祖のような心にならしていただいて暮らしていくことが大切なことであります。「ふたりのこゝろをさめいよ　なにかのこともあらはれる」とも仰せくだされるように、夫婦二人の心は大切な役割をつとめさしていただいておるのであります。こうして心が澄み世が治まって、初めて次に仰せくだされますように、

あしきをはらうてたすけせきこむ
いちれつすましてかんろだい

と仰せくだされます世界になるのであります。

それで「ちよとはなし」はこのお歌の前にくる、「出し」と仰せくださるのであります。「このよのぢいとてんとをかたどりて　ふうふをこしらへきたるでな」の「ふうふをこしらへ」のお手の振り方であるが、左は男、右は女と聞かしていただいておりますが、この時のお手は、左の男の方が下になり、女の方が上になっているので、これはちょっと変に思うのであるが、夫婦というものは、上も下もない、一つのものである。裏表のように一つのものであると共に、女であるからあかん、男であるから偉いというようなものでない、月日抱き合わせの五分五分であるごとく、温み五分、水気五分との五分五分の理であるごとく、優劣上下の問題でないという理をことさらにこう現してくだされているのであると、聞かしていただいております。

実にこのお歌にこそ、月日親神様がこの人間世界をおこしらえくだされたその親心をばお現しくだされ、それをまたおてふりにて一層はっきりとお示しくだされてある。すなわち人間の陽気遊山が、親神様の人間をおこしらえくだされたお心であるということをお示しくだされてあります。親(夫婦)に孝行は月日に受け取る、との理のあるところもよく悟らせていただくことができます。

「あしきをはらうてたすけせきこむ　いちれつすましてかんろだい」

このお歌のおつとめは、ただいま勤めさしていただいているお歌であります。が、このお歌になるにつきましては、左記のような変遷があります。
「あしきはらいたすけたまへ天理王命」というお歌は、前に申しましたように、慶応二年にお教えくだされたのでありました。ところが明治八年のこと、「天理王命」というのはない神であるということで、差し止められたのであります。それで明治八年のこの年に、かんろだいのぢば定めもありまして、おつとめもかんろだいづとめ一条になったと聞かしていただいております。すなわち「あしきはらいたすけたまへいちれつすますかんろだい」とのお手をおつけくだされたのであります。そしてこの年なる明治八年におつとめもかんろだいづとめ一条によって、左記の十一通りのつとめを教えてくだされたのであります。すなわち、

をびやづとめ、ほうそづとめ、ちんばのつとめ、一子(いっし)のつとめ、肥(こえ)のつとめ、はえでのつとめ、みのりづとめ、虫はらいのつとめ、雨乞いづとめ、雨あづけのつとめ、むほんづとめ。

ところが明治十五年に警察が来て、二段目までできていたかんろだいを取り払い没収致しましたので、「あしきをはらうてたすけせきこむ　いちれつすましてかんろだい」と改められたのであります。

以上のおつとめの変遷がありまして、明治二十一年十月二十六日の本部開筵式(かいえんしき)から、朝晩のおつとめも、ただいま勤めさしていただいているように、「あしきはらい……」二十一ぺん、「ちよとはなし……」から「あしきをはらうて……」のかんろだいづとめとなったのであります。ところがまたまた「あしきはらい……」の二十一ぺんのおつとめも、明治二十九年の内務省訓令によって、再び止めら

れることになりました。そして現在のように、二十一ぺんの「あしきはらい……」を勤められるようになりましたのは、大正五年の秋の大祭からであります。こうしておつとめにおいてすらも道のふしと共に変遷をたどってきて、今日のおつとめとなっているのであります。

本づとめ

本づとめとは朝晩のおつとめに対しての本づとめであり、かぐらのお面をお付けになるからかぐらづとめとも、またかんろだいの所でお勤めになるから、かんろだいづとめともいいます。

このよふをはじめかけたもをなぢ事
めづらし事をしてみせるでな　六　7

このよふをはじめてからにないつとめ
またはじめかけたしかをさめる　六　8

このつとめこれがこのよのはぢまりや
これさいかのた事であるなら　一五　29

このお言葉のようにかぐらのつとめというのは、人間を初めておこしらえになったその理をおつとめにてお現しになったものである。この人間を初めてこしらえた元の親神様であるからして、この悪気になった人間社会を、再び元の人間をこしらえた神の思わくの世界に造りかえるということはなんでもないことではあるが、子供可愛い一条からそうもゆかないから、このつとめ一条によって、悪気な人間心を造りかえるとの思わくから、このかぐら本づとめをお教えくだされたのである。であるから、この本づとめに限っては、この人間を初めてお宿し込みくだされたぢばであるかんろだいのある所にてお勤めになるものである。かんろだいというのは、ここで人間をこしらえられた証拠に据えるのであると仰せくだされてあります。まずかんろだいの形の上から申し上げさしていただきます。

かんろだいの理

一番下の台　さし渡し三尺、厚み八寸、六角。

二番目の台　さし渡し二尺四寸、厚み八寸、六角。

三番目の台　さし渡し一尺二寸、厚み六寸、六角。（この台と同じもの十個を重ねる）

一番上の台　さし渡し二尺四寸、厚み六寸、六角。

以上全部で十三個、総計の高さ八尺二寸。

台の真ん中に直径三寸、深さ五分の穴を掘り、上にはそれに嵌まる大きさのほぞをこしらえる。すなわち五分の丸ほぞを上から嵌める。もちろんこれは一つ石である。

この一番上に五升入りの平鉢をのせる。つとめをすればつとめつとめにかんろを降ろすと仰せられるのであります。

かんろだい寸法の理

三尺　三日三夜に宿し込み、三年三月とどまった理。

六角　人間はじまりの元六台（くにとこたち、をもたり、くにさづち、月よみ、いざなぎ、いざなみのみこと）。

八寸　八社八方の神がとりまく理（いざなぎ、いざなみの二柱を除いた神々）。

二尺四寸　人間生まれ出しの時、五分から生まれて五分五分と成人して、四寸になった時、これならばやがては五尺の人間になると、親子もろともにっこり笑って、かくれられたその理によって、二尺四寸という。

六寸　六角と同じ。

一尺二寸　をもたりのみことの元の姿は頭十二の大蛇の理。

一尺二寸の台十個重ねる　十柱の神の理。

丸三寸　三日三夜。

五分の掘り込み五分のほぞ　生まれ出しは五分から生まれて五分五分と人間が成人した理。

合計八尺二寸　八尺は八社八方、二寸は月日の理。

かんろは寿命薬

つとめつとめに天からかんろを降ろすとおっしゃる。肝心要(かなめ)のかんろとおっしゃる。その人によって寿命は違う、その寿命の継ぎ目の肝心な時に継いでもらうのがかんろである。それで寿命薬である。神様はかんろをやるとおっしゃる。しかし人の心の澄むまでは、かんろを与えても、出した手が引けぬ(手がしゃちこばって動かなくなる)。しゃちこばれば恐ろしい神様やというて人は怖がる。それで話をよく聞かして心を澄まし切ってからかんろを与えるとおっしゃる。それで、かんろだいのおつとめにて、

「あしきをはらうてたすけせきこむ　いちれつすましてかんろだい」

と仰せくだされているように、いちれつに澄ましてかんろだいを建てるとおっしゃるのであります。

次にかぐら本づとめにおいて、かぐらお道具はなくてならぬ道具であるので、そのかぐらお道具について述べます。

かぐらお道具の理

○くにとこたちのみこと（お道具はかぐらである）

かぐら胴の木綿の長さ七尺、幅五巾、尾の長さ五尺、尾の先に玉のつもりにて先を丸くする。胸下三尺。

七尺　天神七代（くにとこたち、をもたり、くにさづち、月よみ、くもよみ、かしこね、たいしよく天のみこと）の理。

五尺　地神五代（くにさづち、月よみ、くもよみ、かしこね、たいしよく天のみこと）の理。

三尺　三日三夜の理。

かぐらの毛は白の紙である。

元の姿は大竜であって、尾の先に玉がついていた。その理にて先を丸くして玉のような気持ちにする。

○をもたりのみこと（お道具はかぐらである）

かぐらの胴の木綿の長さ八尺、幅七巾、尾の長さ五尺にして三本ついてある。尾の先に剣のつもりにて、先を剣のようにとがらせる。胸下三尺。

八尺　八社八方の理。

七巾　天神七代の理。

五尺　地神五代。

三尺　三、三の理。

かぐらの髪毛は女の髪の毛である。

元の姿は大蛇であって、頭十二で尾が三本、その尾の先が剣になっているので、その理によって尾の先を剣のようにとがらしてある。

以上述べたように、くにとこたちのみこと様の一本の尾は、たいしよく天のみこと様の右の手につなぐ。をもたりのみこと様の三本の尾は、くもよみのみこと様の左の手、かしこねのみこと様の右の手、をふとのべのみこと様の右の手にそれぞれつないでおつとめをなさるのである。このおつとめの時、四人の方々にだけ尾をつなぐというのは、おつとめは一手一つの心でなければならんのでこの意を現したものである。他の方々は人間お造りくだされた時の元初まり六台の神々様であるから（いざなぎのみこと様を男雛型として、それに月よみのみこと様を男の道具とし、それにくにとこたちのみこと様のお心が宿り、またいざなみのみこと様を女雛型として、それにくにさづちのみこと様を女の道具とし、それにをもたりのみこと様のお心が宿って、このぢばにて三日三夜に宿し込まれた）一つになっておられる。おつとめはこの人間元初まりのおこしらえくだされた理を現したものである。この十柱の神々様が心を一つにしてなされるおつとめであるから、そこにはなんともいえない陽気が現れる。陽気こそが親神様の一番のお望みになる、一番に思わくに適ったものである。そこには自ら親神様のお心に適うことによって、ご守護となって現れるのであります。いかなる願い事も叶えてくださるかぐら本づとめであります。

つとめ人衆

この本づとめをお勤めになる方々のことをつとめ人衆といい、七十五人の人数である。かぐら十人、鳴物九人、手をどり三十六人、筆とり学人二十人であります。

この七十五人の人衆が揃うてつとめをするなら、つとめつとめに天からかんろを降ろすとおっしゃる。このつとめ人衆に選ばれる方々は、教祖が前の代にて尊きご用をつとめておられた時、そのお側にて重い役仕事をしておられたその道具衆のいんねん魂をいったん谷底へ生み下ろして、その人間の身に障りをつけて引き上げて、仕込んだ上で人衆とする。前生魂のいんねんと、この世の働きを見て決めるとおっしゃるのであります。

このお話からいたしましても、お道の入信ということと身上(みじょう)事情ということは、実に関連があるので、このお話にもあるように、お道にいんねんがあるなればこそ、いったん谷底に落として身上にしてまでも、道のご用の道具にお引き寄せになるのであるから、その親神様の思わくのあるところをよく思案せねばならんのであります。

この道は皆身上から随(つ)き来る。身上でなくして随いた者は、ほんの一花(ひとはな)のようなもの。

（明治33・11・26）

道に道具としてお使いになるなればこそ、身上で知らして道に引き出してくだされるのである。身上でないものはわが身の都合からついたものであるから、都合が悪ければまた道から離れるやもしれない、実に根のないふらふらした浮き草のようなものである。

花という花も綺麗(きれ)な花でも稔(みの)らぬ花もある、実ののる花もある。花を咲かした限りは実を結ばねばならぬが、根のない花には実の結ぼうはずがない。

（明治24・1・25）

これ俄(にわ)かに咲く花は、切って来て床へ挿(さ)してあるも同じ事。これはのじの無いものである。さあさあこれ根のある花は遅なる。なれども年々咲く。又(また)枝に枝が栄える。根も踏ん張る。こゝの道理をよう思(し)やんしてみよ。

（明治24・11・1）

今日のお道も段々と年限が重なり、重なるにつけ二代三代と親からの信仰者の時代となっている。親や祖父母はしっかりとわが身の身上からたすけていただいて入信もしたのであるから、心根が親神様に通うている。親が信心しているが故にお道信心しているというような者には、親を通じてしかその根も親神様に通うていないのである。この道は看板の道、形の道ではない。お道なるが故に必ずしもたすかるのではない。親神様につなぐ心こそたすけていただく生命のつなぎである。華やかな形に心を奪われず、たとえ人の目につかずとも、根のある信仰に生きなければならんのである。根さえあれば枝に枝が栄える、根もまたふんばる、咲いた花には実ものる。これがお道の通り方であり、これでこそ親神様のご用をさしていただくことのできる、なくてはならぬ道の道具とも、また道の重要なつとめ人衆ともならしていただくことができるのであります。

以上おつとめに関しての重要なる点について、まず述べさしていただいたのであります。

（昭和二七、四、二）

よろづよ八首

「よろづよの」以下八首のお歌は十二下りのお歌におくれて明治三年のご製作であります。このお歌は誰にでも、お道の信者であります限りにおいては、否、必ずしも信者でなくとも読ましていただくことのできるものには、それ相応に分からしていただくことのできるお歌であります。誰にでも分からしていただくことはできますが、誰にでもこの深遠なる意味を汲みつくし得ることのできない、実に深みのある、ちょうど親神様の親心を汲みつくし得ない、悟りつくし得ないと同じであります。

お道のたすかる、たすけていただく究極がここにある。すなわち、この八首の中に歌われているこの親神様の御胸を分からせていただくことによって、たすけていただくことができるのであります。

今日までも親神様のご守護を頂くのでなければ、日々は通れなかったのであるが、そのことが今日まで分からなかったのであります。いろいろのことを今日まで仕込み、また教えられてきた、いわば十のものなら、九つまで教えてきた、いま一つという後の一分が教えられていなかった。それを教えてくださったのが、すなわちだめの教えであるお道の話、教祖から教えてくだされた人間この世の元初まりの話である。いわゆる「泥海古記」といわれるお話である。このお話を聞き分けさしていただいて初めて、人間というものは日々は神様のご守護である、決して人間の力で、人間の気ままには通れないものであるということを分からしていただくことができるのであります。ところが人間力で通れるものとして、わがさえよくばと、人間心で皆が悪気悪気で通るところに悪気の世界になった。この悪気の世界、これは親神様が初めて人間をおこしらえくだされました時の、思わくの人間世界とはころっと違っているのである。だからこの思わくの違った人間世界をまた元のように造り変えるというようなことは、人間世界を造った神であるから、そんなことをするくらいのことはなんでもないことではあるが、それを造り変えるということは、見るに見かねることであるから、だめの教えであるこの教えを教祖が教えてくだされたのである。と共に人間元初まりの理合いをおつとめにて現して、そのおつとめをすることによって人間の心の入れ替え、身の立て替えをなされることを教えてくだされたのであります。

ここにみかぐらうたの大きな重い理があるのであります。こうした親神様の思わくがよろづよ八首に窺われます。

この親神様の、人間をお造りくだされたそのお心を分からせていただいて、そのお心に適うように通らせていただくことが人間のたすかる道であります。

よろづよのせかい一れつみはらせど
むねのわかりたものはない

今日まで過去において、何万年、何億年の過去を振り返って、そのいかなる時代の、いかなる人を見ても、まだ神の胸の分かった者は一人もない。教祖の口から説かれて初めて神の御胸を分からせていただくことができたのである。胸の分かった者がない、親神の心を知った者がない。では親神の心というのはなんであるか、月日のお心である。月日のお心とは、

いまなるの月日のをもう事なるわ
くちわにんけん心月日や　一二 67
しかときけくちハ月日がみなかりて
心ハ月日みなかしている　一二 68

と仰せくだされるように、月日のお心とはいうまでもなく教祖のお心である。教祖のお心とは、たすけたいとの親心、これが教祖のお心である。世界中はこれ皆可愛(かわい)いわが子、一人残らずたすけ上げずにはおかんというのが、これ月日の心である教祖の親心である。

ところが皆は教祖を親神であるとは知らなかったのである。ですから教祖をただの人間と見ておる者ばかりであった。この結果、実に恐れ多いことではあるが教祖に対する非難迫害とまでなって現れたのであります。

道は教祖を月日のやしろとして、教祖の仰せが神の言葉であるとして受けさしていただいて通るところにたすかるものがある。たすけてやりたい親心が教祖であり、たすけていただきたいこれが子供の心、この二つ一つの理の合った時、掌(てのひら)があざやかに鳴るごとく、ここにご守護となって現れるのであります。道はこの親子の関係が道のつながりであり、このつながりがたすけていただく綱であります。ところが皆の者は、教祖の親心、世界中は可愛いわが子、一人残らずたすけ上げずにはおかんとの教祖の親心が分からないのであります。

われわれ人間はこの親神様によって造っていただいた人間でありながら、この親神様の人間をお創(はじ)めくださったその元の根が分からんのである。元の根とは人間を初めてお造りくだされた、人間元初まり六台の根を知らんのであります。人間元初まりの六台とは、月、日、くにさづち、月よみ、いざなぎ、いざなみ、の六台であります。この人間を初めてお造りくださるのに、男女の雛型(ひながた)として、ぎ・み様をお引き寄せになった。すると、ぎ・み様は、横目もふらずに真一文字に月日様の所へ来られました。この素直、正直なこの心、これが親神様の思わくの人間の心であると仰せになったのである。人間がこの心であって、初めて親神様の御胸を分からせていただくことのできる、親神様の思わくの人間になるのであります。実に、ぎ・み様こそは、人間の型の上からの雛型であると共に、また心の雛型であったのであります。

でありますから、お道の心がけ、信仰とは一口でいうならば、親の御胸を知って、それに素直、正直にハイと受ける心、これがたすかるもとである。教祖の仰せをただハイと素直に受けてお通りくだされた道が、今日のこの大きなたすかる道となって現れたのである。先輩の先生方の通り方は実にこれよりほかにはなかったのであります。

伊三郎父の話であるが、「わしゃ学問もなかった、百姓あがりの者であったが、教祖の仰せをただハイと受けさしていただいて、通らしていただいた道が、今日こうした結構を見せていただいておるのや」と聞かしていただいたことがある。道の結構は実にここにあると思わしていただく。

教祖は月日のお心で、いろいろとお聞かせくだされると共に、そのご行為も月日の親心でありました。食事をしておられる時、お側（そば）にお伺いをさしていただくと、「さあ一口お上がり」と、わが箸（はし）で、わがお茶碗（ちゃわん）から、たとえ一箸でも口に入れてくださる親心の教祖であった。道の子供、誰かこの教祖の親心に、親としての疑い心を挟むものがあったであろうか。道は実にこうした教祖の親心に慕（しと）うてついてきたのであった。

この月日の親心なる神の御胸が、教祖のお口から説かれて初めて知ることができたのであった。これまでは誰一人として知っている者はなかったのであります。

そのはずやといてきかしたことハない
しらぬがむりでハないわいな

今日までは、親神の胸も分からなかったから、教祖に非難攻撃さえもしてきた。またいろいろと悪い道も通ってきた。が、それも無理からぬことである。まだ親神の胸を説いて聞かしたことがないのであるから、無理からぬことであると、いかにも親神の親心の大きなことを示されている。いかなる悪人も抱きかかえて、親の温かな親心でたすけ上げるとの月日の親心が溢(あふ)れ出ているお言葉であります。教祖のいかなる悪人でも抱きかかえられた、そしてたすけ上げられた、そのお心が現れておりますす月日のお心、すなわち天は月様、地は日様なるその地のようなお心、地にはいかなる汚らしいものでも塵埃(ちりほこり)であってもそれを埋めた時、なくてはならん、肥(こ)やしとして生かしてくださるそのお心でありまます。すなわち教祖はいかなるものでも生かしてくだされた。不心得な女衆(おなごし)がいて、教祖のお上がりになる味噌汁(みそしる)の中に毒を入れた。その味噌汁をお上がりになって、この味噌汁のお陰でお腹の掃除もできてよかったとさえ仰せくだされた教祖でありました。

実に大きな、いかなる者もたすけ上げずにはおかんとの親心の窺われるお歌であります。前のお歌とともに、月日のお心の満ち満ちているお歌であります。

このたびはかみがおもてへあらハれて
なにかいさいをときゝかす

このたびとはもちろん天保九年十月二十六日のことであります。教祖を神のやしろとしてもらい受けになられた、その時のことであります。いろいろとだめの教えをお説きくだされると共に、身で行うてわれわれに教えてくだされたのであります。ここに初めて実の神、元の神が表へお現れくだされて、よろづたすけのこの道をお教えくだされたのであります。今日までとても、いろいろと教えてくだされた仏法、あるいはその他のものになって、その時旬に応じてお現れしておってくだされたのでありますが、天保九年十月二十六日に初めて実の神としてお現れくだされ、いろいろとよろず委細にお説きくだされたのであります。すなわち人間元初まりの創造、身上かしもの・かりもの、病の元は心、というようにお説きくだされたのである。すなわち後に歌われる十二下りのお歌に含まれているように、いろいろとお説きくだされたのであります。

このところやまとのぢばのかみがたと
いうていれどももとしらぬ

このところとは、すなわち大和の国の山辺郡の庄屋敷、中山氏という屋敷のあるこのところであります。

「しょうやしきというのはなあ、しょうのあるやしきやから、しょうやしきというのやで」

これは教祖のお言葉であります。しょうという言葉の中には、生という意味もあるし、正味という意味もある。字はどれが当てはまるかしれないが、庄屋敷と仰せくだされるこの中には、元初まり、世界の正味、世界の正味は水と温み、月日のおられるところ、というように実に深い意味があります。この庄屋敷にこそぢばがあるというのも、教祖からだんだんと人間この世元初まりのお話を聞かしていただいて、なるほどと分からしていただくことができるのであります。

教祖は常に中山五番屋敷と仰せくだされたのであります。中山五番屋敷こそぢばのある、尊い理のあるところであります。

「おやしきの土を踏んだら、いかなる願い事も叶えてやろう」

これも教祖のお言葉でありますが、これいうまでもなく、中山五番屋敷のことであります。

「わたしや人間は連れて行くことはできても、中山五番屋敷はどうすることもできまいやろうがな、そこに大きな台を建てるのやで」

これは教祖のお言葉であり、中山五番屋敷を人間力でどうすることもできないことを仰せになっておられるものであり、中山五番屋敷なるぢばの理は、

ぢば一つ理は、独り立ち出来てあるのやで。（明治21・3・9）

と仰せになっているのであります。この世の中でひとり立ちできてあるのは、ぢばの理だけである。

元のぢばは二つないごとく、ここよりほかにひとり立ちできてあるところはないのである。すなわち元の親なる月日の神名の伏せ込まれておられるところであります。にもかかわらず、人々はいまだその元を知らんのであります。

このもとをくはしくきいたことならバ
いかなものでもこいしなる

このぢばは、このおやしき、この中山五番屋敷なるものの元を、詳しく聞かしていただいたならば、人類たるもの、いかなるものであっても、いかに遠方からでも、親里や、元のぢばや、と帰ってこずにおられないところである。この道はおやしきに帰らせていただいて、一度教祖にお接し申さしていただいたならば、また再びおやしきに帰らずにはおられないものがあったのであります。おやしきは元の親なる月日親神様のおられるところであると共に、その理を形の上にお現しくだされておられる教祖でありました。

この教祖のおいでになる親里、おやしきなるなればこそ、これは帰るところや、行くところではない。行くところならば行かんでもよい。が、このおやしきは帰るところや。帰るところならば、どうでもこうでも帰らずにはおられないところや。どうでもこうでも帰らずにはおられないところなるなればこそ、足腰の立たない者であっても、人の肩にすがってでも帰ってこなければならぬところだし、また頭の上がらない重病人でも、担架に載ってでも、車に乗ってでも帰ってこなければならんところや、とお聞かせくださるのである。ここにたすかる道があるのであります。

この道元々掛かりという。何程、取り払うと思うても、取り払うも、寄って来る理はどうも止めらりゃせんで。この理くれ／＼返えす／＼の理に諭し置こう。海山山坂を越えて寄り来る子供の心、来なと言うても寄り来るが一つの理。来いと言うても来るものやなかろう。さあ一点を打って筆に記し置け。道という、理という、何でも彼でも尽した理は立てにゃならん、立たにゃならん。来なと言うても来るが一つの理から成り立った。この道という、最初何ぼ来なと言うても、裏からでも隠れ忍びて寄り来たのが今日の道。（明治32・5・16）

こうしたおさしづのお言葉のように、道はこのおやしきを恋い慕うこの心の塊が道の塊であり、ここにできた道である。これが道の強みである。これが道の成り立ちである。今後の道もこれである。ここにたすかる道があるのであります。

親は子思うは一つの理、子は親を思うは理。この理聞き分け。何でもぢば、という理が集まりて道という。（明治28・3・10）

道はこの親子の愛情からできておる。この親子のつながりが道のつながりである。ご守護を頂くたすけの綱である。ぢばに通う心がご守護を頂く根源であり、種であり、道の根本の信仰であります。

きゝたくバたづねくるならいうてきかす
よろづいさいのもとなるを

お道の話は本心から求める心で聞かしていただく話でなければならぬ。私も行くからあなたも行こうというような信心であってはならない。教祖は誘われて行ったような者にはお話を聞かしてはくださらなかった。本当に聞かしていただこうという、真実からの者であれば、夜のふけるのもお忘れになったように、そのお聞かせくださる話は続いたということであった。

「お父さんがおやしきから帰ってこられるのは、いつも鶏が鳴いてからやった」という話も私の家にのこっている。身上や、事情が起こった、困ったことが起こったならば、すぐにおやしきに飛んで行くのが例であった。それならいつ行っても、こちらの思い通りに教祖がお出ましくださるかといえば、必ずしもそうではなかったのである。今日もお出ましくださらない、今日もお話ししてくださらないといって、伊三郎父が一番長く待った時は二十三日間おやしきに滞在して待ったともいっておられた。こうも長くお出ましにならなければ、誰しもわが家に帰って行くものであるが、その中帰りもせずに待っている心、これどうでも教祖からお聞かせいただきたいという真実のものや。教祖からお聞かせくだされるお話は、生命の取ったか見たかの真剣の話や、真実話や。真実話なら真実の者にしか理が通じんのである、と聞かしていただいた。

母から聞いたことであるが、田植えで百姓の忙しい時に、よく教祖は父にお仕込みくだされたということである。

「なんでそんな百姓の忙しい時に、よりもよってお聞かせくだされたのや」と尋ね返すと、「百姓の忙しい時分には、この当時百姓の詣り人が多かった。百姓が忙しいのでおやしきに来る者がない、その中から運んで来る者こそ本心の真実からや。またそんな百姓の忙しい時に限って、お父さんはよく身上にお手入れを頂いて、おやしきに帰ってこずにおられぬようになって、お仕込みいただかれたものや」というように聞かしていただいたことがある。

道の話はどこまでも真剣である、形ではない。本心からでなければならん。でなければたすけてはいただけんのであります。

たすけ話は売り物ではない。真に心から聞く心、求める心があって、初めて取り次がしてくださるものである。ここにご守護のあるものであります。義理体裁ではたすからんのであります。看板ではたすからん、親神様のお受け取りくださるのは、心を見抜いて、その真実を受け取ってくださるのであります。真実ならば、どこにあっても、真実は種とお聞かせくださるように、受け取ってくださるものであります。

かみがでゝなにかいさいをとくならバ
せかい一れついさむなり

教祖の話されるところ、そこには必ず生かされるものがあるのであります。お道の心は勇みである。勇む心、それが親神様の思わくの心、これがたすかる心であります。

月日のやしろとおなりくだされて、教祖より最後のだめの教えとしてお説きくだされたそのお話、それは前々にも申しますように、人間をおこしらえくだされたお話、それは一言でいうならば、身上かしもの・かりものであるということである。誰一人この世の中に、われ生まれてこようと思うて生まれてきた者はなかろう。また、あの子供を生もうとして生めるものでもなかろう。ことごとく「体内に宿し込むのも月日なり」と仰せくだされますように、親神様の思わくによってこの世の中に出していただいた人間ばかりではないか。ではこの世の中にお出しくだされた親神様の思わくというのはどこにあるのか。それは人間を初めてお造りくだされました時の、月日の真実、すなわち月日親二人あっただけでは何の楽しみもない、そこで人間というものをこしらえて、その人間の陽気遊山に楽しく暮らすのを見て、月日親共々に楽しく暮らしたいというところから、人間というものをおこしらえくだされたのであります。その人間をおこしらえくだされた月日の真実も、今日体内に宿し込むのも月日なりというて、この世の中に人間をお出しくだされるその親神様の思わくには寸分の違いもないのであります。これが人間をこの世の中にお出しくだされる親神様のお心であると思案する時、これがこの世の中に身上を神様から貸してくだされるお心であると思案する時、人間の身上を貸していただいて、この世の中に出していただいているということは、なんとありがたいことではないでしょうか。

人間というものには今日までの過去には、九億九万年という過去があるのであります。この過去においてお互いに積んだいんねん、これは実に計り知ることのできないいんねんであります。この点からいうならば、いかなる人間といえども、いんねんのあるということは五十歩百歩であります。みな同じことであります。ただたすけていただく、たすかるというのは、自分のいんねん、境遇が立派であるからたすかる、自分のいんねん、境遇が下であるからたすからんという問題ではないのであります。ただ一つ、与えられた境遇いんねん、それがいかなるいんねん境遇でありましても、その境遇いんねんをよろこばしていただくという、これがただ一つ、たすけていただくことのできる種であります。

教祖から最後のだめの教えとしてお聞かせくだされたお話、すなわち身上は神様のかしもの・かりもの。この理さえしっかりわが心に治めて、よろこんで通らしていただけば、そこにたすかる道があるのであります。身上かしもの・かりもの、これは教えの台と仰せくだされますように、ここにこそたすかることのできる心構えがあるのであります。でありますから、いかなる難病、医者の手あまりであるとも、真にたすけていただくことのできる極意は、自分はこの世の中に人間の姿をして、人間の身上を貸していただいて出していただくことができたというよろこび、人間もまかり違いましたならば、畜生にも落ちなければならん――が、神様のお陰によって、畜生にも落ちないで、人間の姿を貸していただいて、というよろこび、そこまで心を落とし切ることができましたならば、いかなる医者の手あまり難病でもたすけていただくことができるのであります。

この世の中と一口に申しますが、この世の中こそ、天は月様、地は日様、月日抱き合わせの天理のご守護の世界、すなわち親神様の温かな懐住まいであります。いかなる境遇であるとはいえ、ただただよろこばしていただかずにはおられないではありませんか。心から勇ましていただかずにはおられない、ここにこそたすけていただく根本の理があるのであります。教祖によって初めてこのたすかる心構えを教えていただいたのであります。

一れつにはやくたすけをいそぐから
せかいのこゝろもいさめかけ

人間のたすかる究極は勇む心である。たすけ一条をわが勤めとする道のよふぼく、一時も早く、一人も多くの人の心を勇まさなくてはならんのであります。それは何の話によってであるか。今日まで十のものなら、九つまで説いて教えてきた、後の一分、すなわちこれがだめの教え、人間創造、身上かしもの・かりもののお話であります。これが心から治まるなら、前述のごとく勇まずにはおられないのであります。親神様は世界の子供のたすかるのを急き込んでおられます。このたすかる道は子供の心を勇ますことであります。

よろづよのせかい一れつみはらせど
むねのわかりたものはない

この世界、この親神のたすけたいとの親心が、教祖のお姿としてこの世の中にお現れくだされて、人間元初まりの元のいんねんをお聞かせいただいた。われわれ道の子供は親神の御胸、たすけてやりたいとのこの親心を分かっていただくために、どうしても世界に向かって、世界をろくぢに踏みならすまで邁進また邁進、わがことを忘れて進ませてもらわなくてはならんのである。親神様はおたすけをお急き込みである。世界の子供の心を勇ませなくてはならん。それがたすかる元である。

人間として、人間の姿をして、この世の中に出していただくことのできたわれわれ人間、なんとありがたい、親神様の恩寵を頂いている人間ではないでしょうか。身分の高い低いをいうのは、あまりにも申し訳ない贅沢なことではないでしょうか。

真に、たすかるたすからんは、人間としてこの世の中に出していただくことのできたその感激よりほかにないのである。勇まねばならん、勇もう、ここに親神様の人間をお造りくだされました時の、人間に与えられた、陽気遊山というその心があります。道は勇むところにある。道のたすかるところはここにあります。

一れつにはやくたすけをいそぐから
せかいのこゝろもいさめかけ

と親神様の仰せくださるように、世界の子供のたすけをお急き込みになっておられます。
この道の話を、一日も早く聞かして、勇んでもらわねばならんのであります。

（昭和二七、五、一〇）

一下り目

一下りは主として、おさづけについて、お諭しくだされております。

お道における唯一のご用は、人だすけである。そのおたすけにおいて、おつとめ、おさづけの重要なることはいうまでもないことであります。おつとめはすなわちみかぐらうたであります。右の次第にて、一下り目からおさづけについてお説きくだされるのも、実に偶然ではない、神様の深い思わくのあるものであると思案さしていただくのであります。でありますから、本下りにおいて、この機会におさづけの理について大体を述べさしていただくつもりであります。

一ッ　正月こゑのさづけは
やれめづらしい

正月は事の始めであると共に、実によろこばしい。人の心のよろこびを味わわしていただくお言葉である。

みかぐらうたの最初、すなわち「一ッ　正月……」の一下りは、慶応三年の正月からおかかりくだされたのである。そしてまたみかぐらうたの歌い始めである。教祖のお心のいかにも晴れやかな、陽気なお心がみなぎっております。この陽気な教祖の親心こそが、珍しいご守護を下されるおさづけの理を、可愛い子供に心の宝としてお授けくだされるのであります。

さてこの当時、お渡しくだされたおさづけは、最も古いものは「扇のさづけ」と「肥のさづけ」である。が、扇のさづけは、当時悪用する者があって、当時もはや、教祖から取り止めになっていたのであります。であるから、当時のおさづけとしては、肥のおさづけだけであったのである。と共に当時の信者は百姓が多かった。が初めてであったでもあろうが、とにかくお道と百姓というものは、ご守護においては離すことのできないつながりがある。この上から、まず肥のさづけを子供可愛い上から下されたのであります。

この道は、子供の成人に応じてその旬々によって、たすかる道を九分まで、あれやこれやとお教えくだされていたのであるが、最後の一分だけがいまだ教えられなかった。その最後の一分を教祖からお教えいただいただめの教えである。この一分こそが、世界に分からん人間の理屈では分からん、不思議なる、人から見れば実に珍しいものであった。実に人間では計ることのできない、珍しい親神様の不思議なるご守護をお見せくだされたのであります。

この神様の不思議なるご守護を見せてくだされるのは、実におさづけの理によってである。すなわちおさづけというのは、子供可愛い上からたすけてやりたいとの、教祖の親心の現れ、教祖のご守護をお授けくだされたものであります。

さて百姓をしながら、道に運ぶということは、なかなか容易ならんことである。その容易なことではなかった、それが道の肥として受け取ってくだされた。その受け取ってくだされたところで、古き方々に肥のさづけというものをお渡しくだされたのであります。

このおさづけをお渡しくだされる時に、教祖から、こうしたお言葉を頂いておられる。

「長道中、肥買えのうて通れようまい、ろ金として肥授けよう」

「長の道中路銀無うては来られようまい、路銀として肥授けよう」

こうしたお言葉を頂いておられるのであります。おさづけは道の路銀やとは、ここから出ておるものであると聞かしていただいております。

さて肥のさづけでありますが、このおさづけに限って、半肥のさづけ、丸肥のさづけ、というようにいって渡しておられます。

半肥のさづけというのは、例えば、わが田に五駄の肥をおくとする。そしたら半分なる二駄半は金肥（金で買った普通の肥料）をおく、あとの二駄半はおさづけの肥をおくということになるのです。

これも雛型でありますが、辻忠作先生は最初にこの半肥のさづけを戴いておられた。なんでこんなさづけを戴かれたのですか、と高井猶吉先生に尋ねたことがある。すると「辻先生は、昼はわが家でわが家の百姓をして働いておられた。夜分はおやしきに帰らしてもらっておられた。夜分は一日も欠かされたことのないように来ておられ、これで神様の目から見たら半分や。半分なら、下される理も半分や、半肥のさづけや」と笑いながら話されるのを聞いたことがあります。後では丸肥のさづけを戴かれたことはいうまでもないことである。

　ここでお互いの注意しなくてならんことは、おやしきの勤めということである。おやしきはいかにありがたい、尊いところであるか、「おやしきの土を踏んだら、いかなる願いごとも叶えてやろう」とまで教祖が仰せくだされたそのおやしきです。そのおやしきに、たとえ用事がなくてもおやしきに勤めさしていただくということには、人間の想像できないご守護、親神様のお受け取りがあるのです。おやしきにいて、じっとして座っているならば、わが家に帰って働く方がそれの方が理屈にはよい。それの方が勘定が合うというのは、これは人間の考えである。働いたからよいというならば、まだまだ世界には、もっともっと先輩の先生方以上に働いておられる方もたくさんにあることであると思う。

　おやしきの勤め、これは実に理屈ではないのであります。

さて肥のさづけでありますが、肥のさづけを戴かれた方は、糠三合、灰三合、土三合、合わせて九合、これが金肥の一駄（四十貫）のご守護を頂かれるというのである。これ実に不思議、このご守護こそ、珍しいご守護ではないか。どう考えても、その物からは、このご守護の結果を割り出すことはできないのです。が、その結果の現れは間違いのない事実である。これが珍しいのであります。肥のさづけを戴かれて、辻先生が最初、こんなものが一駄の効き目があるのやろうか、と思って、わが田におかれた。その収穫の結果は、虫がついたりして、さっぱり穫(と)れなかった。これは神様の仰せを疑った、申し訳のないことであった、とさんげされ、次の年には心通りこの肥のさづけのご守護を頂かれた、という話を聞かしていただいたことがあります。

辻忠作先生が、肥のさづけについて頂いておられるおさしづ、ただ一つおさしづの中に残されてある。それを左に引用さしていただきます。今申し上げたことがこのおさしづにて、よくご得心を頂くことができる。

明治二十三年七月十七日

辻忠作肥一条の事に付願

……もう暫(しばら)く、年々に通り来た心だけ、心だけのさづけである。何(なん)ぼでも心だけはきゃどうもならん。心だけの理や。成程(なるほど)効く。どんな肥(こ)えを置けど、心だけの理はっちゃ効かんで。これから事情定めて了(しま)う。どんな難も無きようにする。さあ心だけのさづけの肥えを置くがよい。

実にこの通りである。いかに立派なものであっても、心がそれに添わなかったならば、心通り受け取ってくだされるのであるから、ご守護となって現れないのは理の当然である。たとえ糠三合、灰三合、土三合であっても、これは神様のご守護を授けてくだされる肥のさづけを戴いておるのであるからと、誠真実それにもたれる。肥が効くのやない、理が効くのや、とも仰せくださるごとく、ご守護となって現れるのであります。

以上は肥のさづけの話であるが、ここに肥づとめというおつとめが、おやしきでお勤めくだされる。これは、糠三斗、灰三斗、土三斗、合わせて九斗、これ百駄分、これをかんろだいにお供えくだされて、肥づとめにおかけくだされる。この肥を、道の信者が、一駄分、二駄分と頂いて、わが田におかしていただくのである。ご守護となって現れる理は、肥のさづけの理も同じことであります。おふでさきに、肥づとめについて、かく仰せくだされている。

なに、ても神のゆう事しかときけ
みなめゑめの心しだいや　四 48

しんぢつに心いさんでしやんして
神にもたれてよふきづとめを　四 49

このはなしなにの事やとをもうなよ
こゑ一ぢよのはなしなるぞや　四 50

こへやとてなにがきくとハをもうなよ
心のまことしんぢつがきく　四 51

しんぢつの心みさだめついたなら
いかなしゆこふもするとをもゑよ　四 52

このおふでさきのごとく、実に何が効くのでもない、心の誠真実が効く。真実ならば、神様がお受け取りくだされる、神様がお受け取りくださるならば、子供に返してくだされる理は、一粒万倍のご守護となってお返しくだされるのである。

道は心の道である。心のさづけである。目に見えぬおさづけには、目に見えぬ心の理がそれに添わなくてはならんものであります。

二三　につこりさづけもろたら　やれたのもしや

人というものは、人から何をもらっても、嬉しいよろこびを感じるものです。よろこびは、思わずわが顔に、にっこりと色になって現れるのです。

しかもおさづけは、実に不思議な、珍しいご守護を下される親神様からの下されものです。これを戴いて、誰かにっこりと、色をわが顔に現さない者があるでしょうか。実ににっこり、これほどありがたいものはない。これほど嬉しいことはないのである。このにっこりこそ、月日のお心に適うところの心であります。

おさづけの理を戴くことによって、教祖の不思議なる、珍しいご守護を授かるのであるから、これほど末たのもしいことはないのである。これほどありがたいことはない。これこそ人をたすけさしていただくことのできる根本のものである。ひいてはわが身たすかる根本のものであります。

われわれお互いは、皆わが身たすけていただきたいと、この道に入れていただいておる者ばかりである。そしてこのおやしきから、可愛い子供一人残らずたすけ上げずにおかんと教祖から下される唯一のもの、それはおさづけの理である。さてそのおさづけの理は、わが身に頂戴(ちょうだい)さしていただいて、わが身にだけ取り次げない、人様でなければ取り次げない。人様であったならば、いかな医者の手あまり、難病でもたすけさしてやろうと仰せくだされるおさづけの理である。ここの理合いをよく味わわしてもらわなくてはならんのである。これ本当にたすけてやりたい親心なるが故に、こうした不思議なるおさづけの理を下されるところを、よく思案せねばならんのであります。

これが反対に、わが身にしか取り次ぐことのできないおさづけの理を戴いたら、どういうことになるのや。わが身の病、わが身の腹痛を待っているようなものではないか。わが身に難病が出たらしまいやないか。難病が出て人に笑われるのが、難病が出て苦しむのが、親の身として見てはおられん、その出るべき難病も、紙一枚というところでたすけてやりたい親心なるが故に、わが身に取り次げない、人だすけでなければ取り次げないおさづけを下さるのである。その親心をよく思案せねばならん、とおっしゃるのであります。

皆様お互い、わが身にいんねんがないと思えば、これはとんでもない思い違いである。五十年六十年早く道に入れていただいたがために、わがいんねんがよくなった、とでも思うならば、これはとんでもない思い違い。われわれお互い、誰も彼も、いんねんということについては、みな五十歩百歩である。みな同じことである。お互いには人間今日までに九億九万年の過去のいんねんがある。この大きないんねんを背負っている人間だから、たすけていただきたいとおやしきに帰らしていただいて、教祖からたすけてやろうとわが身に取り次げないおさづけの理を下されるところをよく思案せねばならんのであります。これが天理である。

さづけというはどの位どれだけのものとも、高さも値打も分からん。（明治23・7・7）

これはおさしづのお言葉である。これがおさづけの値打ちである。これ実に月日の親心の深遠なること、教祖の世界中は可愛いわが子、一人残らずたすけ上げずにはおかんと仰せくだされる親心の大きさであります。

ここでおさづけについてごく簡単にその種類等について説かしてもらう。

一＝いきのさづけ（仲田儀三郎先生）

二＝にたものじきもつのさづけ（松尾市兵衛先生）

三＝さんざい手をどりさづけ（辻忠作先生）

四＝しつくり真実かんろうだいのさづけ（桝井伊三郎父）

教祖時代、十人人衆のうち、こうして四人までこのおさづけをお渡しくだされて、お定めくだされたのである。このほかに、扇のさづけ、前に言った肥のさづけ、水のさづけというものがある。

息のさづけを戴かれた方は、息のさづけを取り次ぐほかに、教祖に代わってお息の紙に息をかけられることを許されておられる方である。であるから、おさづけの理、お息の紙の理、根本においてはみな同じ理である。

に（煮）たものじきもつのさづけの渡し方は、白米三合、これを袋に入れて、その袋を熱湯の中に三べん入れられる、すると袋のお米は、ほとびたようになる。それがじきもつの御供(ごく)になる。病人がお願いに来られる。その御供を三つぼみずつ与えられる。それが御供であって、それを戴いて病人はご守護を頂かれる。かく申し上げる時、おさづけの理、御供の理、これまたご守護においては、同じ理であります。

じきもつに、「じきもつのこう水のさづけ」というのがある。これは煮たものじきもつのさづけと別のものである。じきもつのこう水というのである。これは水の中に白砂糖を入れられる、それがじきもつのこう水となるのである。教祖時代にお渡しくだされたものであって、山澤良治郎(やまざわりょうじろう)先生、そして山澤為造(ためぞう)先生の父子で貰(もら)っておられるのである。その渡し方は水のさづけと同じで、お茶碗(ちゃわん)に入れられた砂糖水を先に三口飲まれる、その理がさづけの理で、その後を病人に下さるのである。

さんざいてをどりさづけ。これはただいま一般にお授けくだされる「あしきはらひのおさづけ」であります。

しっくり真実、かんろうだいのさづけ。このおさづけを取り次いでくださる時のお手は、「ちよとはなし……」のお手をなされ、そして「あしきはらひ……」のかんろだいのおつとめのお手を振られて、三べんずつ三べん撫(な)でられるのは、あしきはらひと同じことであります。

かように、おさづけの種類はありますが、その理は同じことである。が、戴く人によって種類が違うというのは、どういう訳であるか。これは、その戴く者のいんねんによって違うのであると悟らしていただくのである。例えば寺田半兵衛(てらだはんべえ)先生は、明治二十一年に水のいんねんとのおさしづによって水のおさづけを戴いておられるのである。こうしたところから、その人によって、いんねんによって、下されるおさづけも違っていたと悟らしていただくのであります。

明治二十一年に寺田半兵衛先生が水のおさづけを戴かれたその年のことであったが、寺田先生の大阪のお宅で、井戸がえをせられました。その時に長男の城之助(じょうのすけ)様が井戸に入って、井戸側の石を取りはずされたのです。その井戸は前々から、真っ赤な金気(かなけ)の井戸であったのでしたが、その側の石を一つはずされると、そこから、こんこんとした清水が流れ出て、その金気の井戸水が、すっかり清水と変わったのであります。ところが後日その寺田先生のお宅が網島分教会となり、教会の移転をせなければならんということになった。その時に、移転はよいが、先方の移って行く方の井戸水は真っ赤なかなけ水である。こちらの清水を持って行くわけにもいかないし、と言っておられたのであるが、移転をせずにはおられないので、先方に移って行かれたのです。すると不思議にも、移られた先方の真っ赤な金気水は前の所の井戸水のような清水に変わった。そして前の所の井戸水は真っ赤な元のような金気水に変わってしまったということである。これがいかにも、寺田先生に水のいんねんと仰せくだされる理があるのであります。

これは私の伊三郎父のことであるが、父はおまもりを戴いておられないのです。そのことをおさめ母から聞かしてもらったのであるが、伊三郎父も、やはりおまもりを教祖に戴かしてもらいたいと願われたのです。すると教祖は「伊三郎さん、おまはんは、心に真実をかけている、私のいうことを心によく守っているから、まもりはいらんのや」と仰せくだされて、まもりは下さらなかったのや、とのおさめ母の話である。四ニしつくり真実、かんろうだいのさづけと、かようにお聞かせくだされるこの理も、よく分からせていただくことができるのであります。

いま一つ、これは飯降伊蔵先生が本席様におなりくだされて、その初めてのおさづけをお渡しくだされた時の話であるが、明治二十年三月二十五日の刻限にて、飯降伊蔵先生がいよいよ本席になられたのである。そしてその夜のこと、初めてのおさづけをお渡しくだされた時の話であるが、これは永尾よしゑ奥様から聞かしていただいた話である。

「夜の十二時も過ぎてからのこと、父（本席様）が西浦弥平（にしうらやへい）を呼んで来い呼んで来い、と言ってお急き（せ）立てになる。ところが弥平さんは園原（そのわら）の山中の方である。今ごろからなかなか呼びにも行けないし、困ってしまったのや。この間から父（本席様）が熱病におかされたようになっておられたので、これはまた熱病のために、こんなことを仰せになるのかもわからんというので、よしゑ奥様は、外に出て、かんろだいにお願いに行こうと出て行かれた。当時の本席様の住まいは、中南（なかみなみ）の門屋の建物がお住まいになっていたので、外に出られるとかんろだいの所まですぐに見える。するとその暗闇（くらやみ）の中に人の動く様子が見える。こちらを向いて一生懸命に手を合わせておられる。その人は西浦弥平さんです。『今お父さんが、呼んで来い、呼んで来いと言って急き立てておられるのや。さあ早（はよ）う来てくれ』と言うと、弥平さんは転ぶように家の中に入って来られた。すると本席様からおさづけのお言葉が出た。そして戴かれたのは、かんろうだいのおさづけであった。

ところで『弥平さん、なんで今ごろ、夜の真夜中にこんな所へ出て来られたのや』と尋ねられると、言われるのに『今夜ばかりやない。今日まで毎夜毎夜本席様が訳の分からん身上で苦しんでおられるというので、中南の門の音のせぬように、忍び込むように入って来て、かんろだい様に、どうか本席様の身上の苦しみのとれるようにとお願いをしに、あの遠方の山中の園原から参って来ていたのや』ということが分かったのである」

こう永尾奥様から聞いたのである。これ西浦先生、しっくり真実、かんろだいのおさづけを戴きに来られたのも、なるほどもっともだとうなずかれるのであります。

水のおさづけについては、明治二十年に喜多治郎吉（きたじろきち）先生がおさしづによってお戴きになっている。それを読ましていただくならば、いかなるものであるかをはっきりとお分かりいただくことができるので、引用さしていただきます。

一下り目

明治二十年五月六日　午前九時

喜多治郎吉身上に付願（この時おさづけ頂戴）

さあ〳〵これまで長々退屈であったやろ。さあ〳〵これよりたすけのため、水を授けよう。さあ〳〵しいかり受け取れ、さあ受け取れ。

押して、水の訳に付願

さあ〳〵授けたのは、心の理に与えたるのやで。たとえ途中にても、泥水でも、身の悪い者あれば、先に三口飲んで、後飲ましてやれ。

又押して、水のおさづけの理由を尋ね

さあ〳〵この水というは、人間元初まりの時、三尺まで水中住居、この清水を与える理。又三口飲むは、三日三夜に宿し込みた、この理よって与える。

このおさしづのお言葉によって、水のおさづけのいかなるものであるか、いかにして取り次ぐのであるかというところも、よく分からせていただくことができるのであります。

おさづけについて、ごく簡単に申しましたが、このおさづけの理を、形の上に現したならばこうしたものであるとお説きくだされている。

ここに一本の柿の木がある。この柿の木は渋柿である。渋柿であっても、幹から切って、それに甘柿の穂をついだならば、甘柿につげる。が、ただついだだけでは甘柿につげん。その継ぎ目に肉が巻かなければ甘柿にはならんのである。その肉というのは、温みと水気である。すなわち、月日のご守護である。おさづけにて、「なむたすけたまへ天理王命」というて、三べん撫でる理、それが肉になるのである。これがおさづけの理である。

渋柿であったら、百人千人の人が好かん。人が好かなければ神も好かんとおっしゃる。神がお好きにならん、さあ身上となって現れる。さあ身上になった、おさづけ人がおたすけにやらしていただく。おさづけを取り次ぐ前に、たとえ一言であっても神様のお話を取り次がしてもらう。その話によって心の立て替え心の入れ替えをさしていただく。すなわち渋柿の心が甘柿の心にならしていただく。甘柿の穂をつがしていただく、そこで身上の病み場所におさづけを取り次がしていただく。結構にご守護を頂いて、甘柿につげた。身上がたすかるということになる。これがおさづけのありがたい理である。

長々とおさづけについて話しましたが、おたすけの上から思案して、おさづけの理はおつとめの理と相両翼をなす尊いものであるところから、みかぐらうたのお話をさしていただくこの機会に、かくも長々と触れさしていただいた次第であります。

三　さんざいこゝろをさだめ

さんざい心とは、三つ子の心、三才心である。欲のない無邪気な心、罪のない心。おさしづを引用

さしていただくならば、

生まれ児の心には何も欲しい物は無い。生まれ三才、又ちょと一つ心分かろうまい。さあ〳〵生まれ児は持たせば持ち、持たさにゃ持たん。この理しっかり聞き分け。（明治40・1・20）

親の仰せを素直にハイときく心、これがまたお道の唯一の心である。母親の乳首を口に入れられる、子供はなんの疑いもなく吸いつく。これを頂いておれば、いつとはなしに一寸二寸と成人さしていただくことができる。これが身の成人さしていただくことのできる態度であるごとく、またこれが心の成人をさしていただくことのできる素直な心であります。これこそ道の通り方である。これがおたすけ人のおさづけを取り次がしていただく心である。素直、正直神が好く、神の思わくに適う心、この心なるが故に、教祖の親心のご守護の現れであるおさづけのご守護となって現れるのであります。

四ッ　よのなか

この親神様のお心に適った三才心で暮らせば、人間心の欲もない、陽気なご守護も頂く。陽気であるところに身も勇む。人が勇めば神も勇む。神が勇んでくださるならば農作物も豊作である。よのなかとなる。

よのなかのご守護を頂くには、そのご守護を頂くだけの理がなければならん。その心にならなければならん。

だん〳〵と心いさんでくるならバ
せかいよのなかところはんじよ　一 9

このさきハかくらづとめのてをつけて
みんなそろふてつとめまつなり　一 10

みなそろてはやくつとめをするならバ
そばがいさめバ神もいさむる　一 11

いちれつに神の心がいづむなら
ものゝりうけかみないつむなり　一 12

りうけいのいつむ心ハきのどくや
いづまんよふとはやくいさめよ　一 13

りうけいがいさみでるよとをもうなら
かぐらつとめやてをとりをせよ　一 14

われわれお互いは、どこまでもこのよのなかのご守護を頂くためには、神のお望みになるさんざい心を定めなくてはならん。その三才心こそ、人間初めてお造りくだされた時の親神の思わくに適った人間の心である。その元々の人間の心に立てかえらせるためのかぐらづとめであります。

五ッ　りをふく

わが身の欲を忘れて、神様のお望みになる三つ子の心になるならば、身の内も世界も心通りに現れることを「りをふく」という。神様のご守護の現れること、それが理がふくのである。神を動かすもの、動かすことのできる力、それは理よりほかにない。人間の力では動かすことのできるはずはない。この世の中は、人間の力で動かせるものではない。実に神の力、理よりほかにはない。いくらたすけていただきたい、与えていただきたいと願っても、その頂く理がなければ、種がなければ与えられんのであります。

六ッ　むしやうにでけまわす

りがふいたならば、むしょうやたらにでけまわす。所も狭きまでに、りがふき茂るのであります。ところが人というものは、その理を考えずに、与えていただく結果に目がついて、それのみを考えるから理は与わらぬ、理はふかぬ。

古くより教祖を慕（しと）うてお通りくだされた先輩の先生方は、ただ教祖の仰せをハイと受けて、お通りくだされた。自分はどうした人間になろう、教会長になろう、そんな結果を考えてお通りくだされた方は、おそらく一人もない。が、理があるならば、むしょうやたらにでけまわすのであります。一つの教会から、教会が、これから先無数に出来（でけ）まわすのであります。一本の木の根に肥やしさえおくならば、それだけに枝葉は茂り、花も咲き、咲いた花は無駄花(むだばな)もなく立派に実も結ぶのであります。結んだ実は、また種となって、所も狭きまでに生え茂るのであります。これこそ道の姿でなければならんのであります。

七ッ　なにかにつくりとるなら

神様のご守護で何もかも作り穫(と)らしていただいて、初めて何不自由なく通らせていただくことができる。これが教祖の子供可愛い上からのお望みであります。

さてこのご守護を頂くためには、まずわが心をば、「三ニ さんざいこゝろをさだめ」を仰せくださされますように、わが心から人間心の欲をなくして、親神様の思わくの人間心にならしていただかなくてはならんのであります。その人間心のなくした真実の心こそ親神様に受け取っていただく心であり、「二ニ につこりさづけもろたら　やれたのもしや」と仰せくだされるところの、おさづけを戴かしてくだされる心であります。こんな話があります。

ならん中、遠方から、おさづけを戴かしていただくために、はるばる帰ってこられた信者がありました。わが暮らしむきの百姓を放って、旅費を工面しておやしきに帰って来られました。そしてその信者はおさづけを戴いて、わが国元に帰られて、しばらくしてからでありましたが、その百姓の家に飼っている牛がいつの間にか自分の気づかぬ間に妊娠しておって、思いがけなく牝牛が生まれた。そしてその百姓は思いがけない結構を見せていただかれた。おぢば帰りの結構、おさづけを戴かしていただいたありがたみを、心からよろこばれたという話であります。

またこうした話もあります。これもまたおやしきへおさづけを戴きに帰るために、なみなみならぬ苦労をして帰ってこられました。がその後結構を見せていただかれた話であります。というのは、飼っておられた牛の乳に固くしこりができて、乳が出なくなって止まっていた。ところがおさづけを戴きに帰らせていただかれてから、その牛にご守護を頂かれて、一日に一斗二、三升(しょう)も乳が出るようにご守護を頂かれたということであります。そのままで乳が出なくなれば、その牛を捨て売りにするよりほかにない。また乳牛というものは捨て売りにしても、肉が固くて普通の牛のようにも売れないということで、その中まことにこうした思いがけないご守護を見せていただかれたということであります。それのみか、その百姓が思いもよらぬご守護を頂かれたのには、台風のために半作しかないという見通しであったものが、それを刈り取られた時には、どこから出てきたのか、米が三割方も増して、八分出来のご守護を頂かれたということで、非常によろこんでおられる話であります。

おさづけを戴くという精神とこうした農作物、すなわち百姓とは直接に何の関係もないことではありますが、その結果において、こうした不思議な豊作ということになって現れてきたということは、これは決して間違いでもなく、目の前に見せていただかれた事実のご守護であります。

これこそ「七ッなにかにつくりとるなら」と仰せくだされる、親神様のご守護であります。

肥のさづけを戴かれた人がそのさづけの理のある肥をおかれたために、農作物は豊作であった。その時このご守護を頂かれた方のおさづけは、肥のさづけではなかったであろうが、おさづけを戴かれた本人の心には変わりがなかったとするならば、こうして農作物に珍しいご守護を頂かれたことも、ほんになるほどとうなずかれるのであります。おさづけを戴くことのできる精神こそ、なにかにつくりとらせていただく精神であります。

八ッ　やまとハほうねんや

こうしてなにかに作り穫ることができましたならば、大和は豊年や、国中は豊年、満作であります。小さくしては、一家の豊年である。一家の豊年は、また女房が重要な役割をするということを忘れてはならないのである。この世は、天は月様、地は日様であるごとく、女はどこまでも台である。下である。下であるから、駄目なのではない。台の理である、下の理である。地の理であります。女房は田地ともお諭しくだされる。田地なら、女房の出来の悪いのは六十年の不作ともいう。悪い田地も、道の肥をおけば肥えた田地になる。肥えた田地から、豊年満作の収穫を与えていただくことができる。この豊年満作が親神様のお望みになる世界である。

肥のさづけの肥料で不思議なるご守護も頂かねばならぬ。おさづけの理で、身上の倒れるのもたすけ上げてもらわねばならん。おさづけの戴ける心の入れ替えで、これまた一家の豊年も見せてもらわねばならん。一村、一国の、世界の豊年までやらしてもらわねばならんのである。これが親神様の望みであり、どうでもつけかけた道ならつけにゃならんと仰せくだされるごとく、この豊年満作の陽気ぐらしこそ親神様の実に強い思わくの世界であります。

九ッ　こゝまでついてこい

どうでもここまでついてこい、と親神様は待っておられるのである。どうでも豊年満作を得るところまでやらしてもらわなくてはならんのである。

それがためには、まず心の入れ替えをさしてもらわねばならん、おやしきに帰らせていただいておさづけを貰わねばならんのである。心通り与わる天理のご守護の世界である。

こうなるについては、今種を蒔いたからといって、今すぐに生えるものでもない。今肥をおいたからといって、今すぐにその肥が効くものでもない。そこで、教祖は常に、先輩の先生を連れてお通りくだされるのに、今に結構になるのやで、今に結構になるのやで、と口癖のように仰せくだされて、前から引き、後から押すようにお連れ通りくだされた。それなればこそあの道通れたのや、と父から、母から聞かしていただいたことがある。決して通ったからといって、わが身の力で通ったのではない。実に教祖が手を引いてお連れくだされたのであります。

十ド　とりめがさだまりた

この道には苦労もあるが、教祖の仰せをそのままハイと受け取らせていただくならば、なんの心配もない。それだけの徳ははっきりと与えてくだされるのである。

この徳、このとりめが定まれば、今生（こんせい）はいうまでもなく、また来生（らいせい）も何不自由なく通らせていただくことができるのである。

これこそ教祖の可愛い子供に待っておられる天の与えである。

これはよほど前のことでありますが、教祖四十年祭の時に、真柱様から本部家内人にお仕込みくだされましたその時に、

「徳というものは、着物をきせるように、きせられんものや。私はみんなに徳をやりたい、徳をつけてやりたいと思うが、こればかりは、皆めいめいがわが身で積んでもらわんければならんのや。わが身に通らんければ頂けないのや。今度迎えるこの教祖四十年祭というのは、めいめいに徳をつけてくださるために迎える四十年祭である。しっかり徳を積ましてもらわんければならんのや。それが教祖の年祭へのお供えである」

というようなことをお諭しくだされたのが、いまだに私の耳の底にこびりついている。このお諭しが、年祭を迎えるたびに思い出されるのであります。

実にこの仰せの通りである。七十年祭も、このお言葉を守ってお迎えさしてもらわねばならん、そ

して教祖におよろこびいただかねばならんと思うのであります。

（昭和二七、六、一七）

二下り目

この二下り目は、総体的に申し上げますならば、主としてふしん（普請）に譬えてお諭しくだされているものであると考えさしていただきます。心のふしん、身のふしん、世界のたすけふしん、きりなしふしん、世界の立て替え、世の立て替え、これをお諭しくだされているものであると思わしていただきます。

お道には、ふしんというものは大切な役割をなすものである。いうまでもなく、神様のふしんなるおやしきのふしん、教会のふしんをいうのであります。

世界の救済、世界の立て替え、これもふしんという言葉でお諭しくだされております。教祖のお話は、われわれ子供によく分かるよう、よく悟りのつくよう、かように物に譬えてお説きくだされております。ここになんとも言い得ない、ありがたい親心があると思わしていただくのであります。

とん〳〵とんと正月をどりはじめハ
やれおもしろい

一口にいうならば、実に陽気な気分がこのお歌に歌われているのである。これを拝唱さしていただきます時、実にこれがみかぐらうたの気分である、これこそがわれわれ子供のたすかる親の声である、これが実にみかぐらうたの味わいであるという気持ちが、ひしひしと味わわしていただくことのできるお歌である。

正月は年の始めである。この正月という声の中には、言い得ないよろこびがあるのであります。この正月のよろこびが一年中の心のよろこびでありたい、と言ってお互いは、正月の朝を祝い、正月の朝をよろこぶのである。われわれお道の者は、一年中、否いつもいつも、今日は正月、明日も正月と心によろこびを感じて通らしてもらうのがお道の者の通り方である。このよろこびが、みかぐらうたから味わわしていただくことのできるよろこびである。みかぐらうたのありがたいものがここにあるのであります。

正月早々からおどる、なんとありがたいことではないか。そこには言い得ない陽気とよろこびが溢（あふ）れているのであります。

おどる、と一口に申しますが、いわゆる世界の踊りと、お道のをどりには、大変な違いがある。お道のをどりは形のをどりではない。心のよろこびが一杯に溢れて、身のよろこび、をどりとなって踊るのである。これがみかぐらうたの手をどりである。

慶応(けいおう)三年の正月から、このみかぐらうたのご製作をお始めくだされたのである。その時の教祖のご気分、それこそ、

　とん〳〵とんと正月をどりはじめハ　やれおもしろい

であったのであろうと推察申し上げることができる。これがわれわれ子供もまた、この気分で、正月のようなよろこびで常に通らせていただかねばならんための、このお歌をお教えくだされたのである。みかぐらうたこそ、暗い人生にさまよっている子供の心にも、勇み、勇躍をお与えくだされるものである。そのみかぐらうたの気持ち、実に的確にお示しくだされたこのお歌である。このお歌、この気分を常にわが心として通らしていただこうではありませんか。さぞ教祖も共におよろこびくだされ、共に心も晴れやかにお踊りくだされるでありましょう。

　さて正月早々から、一下り目の一ッには、おさづけの珍しいことをお歌いくだされ、また二下り目の初めには正月早々から足拍子と、賑々(にぎにぎ)しく陽気にみかぐらうたの手をどりのおもしろく踊ることを、こうしてお歌いくだされるところに、お道のご用の上に、すなわちおたすけの上におさづけとおつとめのいかに大切な、肝心なことであるかを、しみじみ分からしていただくことができるようにも思われるのであります。

二ッ　ふしぎなふしんかゝれバ
やれにぎはしや

お道のふしんは、実にふしぎふしんである。「正月こゝのさづけは　やれめづらしい」と仰せくださるように、ふしんもまたふしぎふしんである。なんでふしぎふしんであるか。

心のふしん身のふしん、これがおやしきのふしん、教会のふしん、神一条のふしんである。道におけるふしんは、ここに実に深い、切っても切れん関係がある。身上（みじょう）たすけふしん、不思議な身上をたすけていただくふしんである。立たぬ足も、立てていただくふしんである。目の見えぬ者も開けていただくためのふしん、耳の聞こえるようにたすけていただくふしんである。

これがふしんであって、世界にない、不思議なふしんである。おさづけは珍しいと仰せくださるように、珍しいおたすけをさしてくだされるおさづけであるごとく、お道のふしんはいわゆる世界の形のふしんでないごとく、ふしぎたすけふしんである。

このご用をさしていただくのが、神様のよふぼくである、おさづけ人である。このおたすけという教祖のご用をさしていただくおさづけ人が、教祖のお心をわが心としてたすけさしていただくから、おたすけも上げさしてくだされる。わが心、まずこの教祖のお心にならしていただいて初めて、世の人の心の入れ替えもさしていただける。これがおたすけである。これがふしぎふしんである。

今申しましたことを、念のためおさしづを引用さしていただいて申し上げよう。

切り無し普請始めたる。こちらへ建て、どちらへ建て、建てたり取りたり普請無いと楽しみが無い。そこで仮家普請、道普請。道普請なら切り無し普請と言うてある。（明治23・10・10）

道のきりなしふしんは、この道お創めくだされたその日から始められたのである。人から見たなら、おやしきのふしんは、いかにもあちらへ建てたかと思えばまたそれを取りこぼち、あちらへ建て、本当に建てたりこぼったり、実に目に見えるふしんは無駄な形のふしんのようであるが、そのふしんの裏には、親神様の大きな思わく、すなわち可愛い子供をたすけてやりたいとの思わくがあってのふしんである。これが親神様の、教祖の唯一の楽しみである。だからふしんがないと楽しみがない、と仰せくだされるのである。おやしきのふしんが始まった。よろこび勇んで上げた畳一枚、瓦一枚、不思議なおたすけとなってご守護を下される。世の可愛い子供みながたすかった時、このおやしきのふしんが出来上がるのである。それまでは、いかに形が立派に建ち上がっても、それは仮屋ふしんである。これがお道のふしんである。これがお道のふしんであるから、お道のふしんはきりなしふしんである。

ふしぎふしんをするなれど、誰に頼みは掛けん。皆寄り合うて出来たるなら、人も勇めば神も勇む。ふしぎふしんをするからは頼みもせん。……不思議の中で小言はこれ嫌い、陽気遊びのようなが神が勇む。（明治23・6・17）

おやしきにふしぎなふしんが始まった、が強いてこちらから誰に頼みもせん。道のふしんは心のふしんである。頼まれたからといって、心にもないことをしても、それはご守護は頂けない。たすけていただけてこそ、教祖も、楽しみやといっておよろこびくだされるのである。おやしきにふしんが始まった。誰に頼みはかけんと仰せくだされるが、あのおやしきのため、あの切っても切れん大恩のあるおやしきのためならばと、皆が寄り合ってできてこそ、それはたすけふしんである。勇む子供の心がふしんの形になって建ち上がったのである。この子供の勇む心に、教祖も勇んでくだされる。これがご守護となって現れる。ふしぎふしんであるから誰に頼みもせん、心のふしん、身のふしん、神一条の建家のふしんである。だからこのふしぎのふしんには、人間心これが一番に神様のお受け取りにならぬものである。ふしぎふしん、陽気ふしんが始まったら、皆の心はいかにも陽気遊びのような気持ちをもってかかってもらわにゃならん。これが神様のお受け取りくだされるものであって、ここに不思議なおたすけを頂いてふしんが出来上がるのである。

ふしんの音は陽気である。大工の打ち下ろす手斧（ちょんの）にも陽気な響きがあるかもしれないが、これを耳に聞く心の耳の陽気が、陽気に響くのである。

　事情は大抵（たいて）の事やない。一寸（ちょっと）その理は受け取る。たすけとても一日なりともひのきしん、一つの心を楽しみ。たすけふしぎふしん、真実の心を受け取るためのふしぎふしん。（明治23・6・15）

いま目の前にやっているそのふしんは、それは並大抵なことではない。皆が一生懸命につくしてくれる、その理は十分に受け取ってあるから、よろこんでかかってくれるがよい。たすけぶしんであるというが一体何がたすかるのであるか。神様のふしん親のふしんや、この親のふしんならばたとえ一日の日でもと、親を思うて運んでくれるそのひのきしん、それがたすかる元や、それが種となるのや、その皆の一つ心を神が楽しむのや、そのたすけは不思議なたすけふしんである。子供の親を思うて運ぶ心、これ真実、この真実の心を受け取るためのふしんである。このたすけを頂く種である真実を受け取ってもらうためのふしぎふしんである。だからたすけ一条の親神様のお心になってみれば、ふしんがないと楽しみがないとまで仰せくだされるのである。

この不思議なるふしんで建てられたおやさとやかたの建物であってこそ、そこに不思議なるご守護もあり、またこの教会の神様であって初めて、教会はたすけの道場であると仰せくだされる。その教会の理のあるふしんである。

つくした理、働いた理、運んだ理、これが神様に受け取っていただけて末代の理であるとおっしゃる。教会の理、名称の理、これは末代の理である。末代の理が教会の理である以上、末代受け取っていただいた理の形に現れたのが教会のふしんであって、初めて名実共に末代の理の宿っている教会である。一本の柱、一枚の畳、そこにはたすかったよろこびと感謝の涙が一杯に溢れこぼれている。それがおやしきのふしんである。教会のふしんである。神一条のきりなしふしんの姿でなければならんのである。であるから、そのおやしき、その教会こそは陽気ぐらしの世界である。世界の陽気ぐらしの縮図が教会生活でなければならんと、常に真柱様のお説きくだされるのは、実にここであります。

三ッ　みにつく

わが身のふしん、心の入れ替え、やがては人だすけの心に入れ替えさしていただいて、わが身に徳もつけてくだされるのである。お道において身につけるものは徳だけである。ちょうどおさづけの徳をわが身につけていただくように。その徳は形のものであると思うならば、これはとんでもない思い違いである。着物がたまって、食べものがたくさんに貯えられて、それで徳ができたと思うならば、これは思い違いである。徳は目に見えないだけに、また神様から身につけてくだされるものであるだけに、人に着物をきせてやるように人にきせることもできなければ、また人からわが身にきせてもらうこともできないのである。であるから、物質ができたからそれで徳があると思っていては、これはまた思い違いである。いくら物質財産の中に身が埋まっていても、身上病むならば、一杯の水も頂けない、一枚の着物もきせてはいただけないのである。

人間心、欲があっては徳はつかんのである。神様は徳を下さらないのである。

これは教祖のお聞かせくだされたお話である。

「このおやしきに居らしてもらう者は、よいもの食べたい、よい着物きたい、よい家に住まいたいと思うたら居られんやしきやで。よいもの、よい着物、よい家に住まいたいとさえ思わなかったならば、何不自由ないやしきやで。これ世界の長者やしきやで」

とお聞かせくだされたのである。なんとありがたい、味わいのあるお言葉ではございませんか。

欲や人間心があっては、このおやしき生活はさしていただけないのである。当時は教祖おやしきと常にお聞かせくだされましたが、当時のお道の者が、すなわちおやしき生活をさしていただく者であったのであります。そこで常におやしき、おやしきと仰せくだされて万事お諭しくだされておるのであります。であるから、今の場合ならば、これが教会生活であるとお取りくだされましても、もっと大きくお道の生活をさしていただくならばとお取りくだされても、差し支えはないものであると思います。

徳さえあるならば身上達者に暮らさしていただくことができる。身上達者のご守護を頂くことが神様から下される最上の徳である。この徳さえ頂くならば旬々(しゅんしゅん)に一杯のご飯もおいしく頂ける、それほどありがたい生活はないではありませんか。教祖は水を飲んでその日をお通りくださいました。そしてあんな結構なことはなかったのやで、水を頂いても水の味がしたがな、あんな結構なことがなかったのや、とお聞かせくだされた。そこに長者の生活がある。みなわが心の入れ替わったところにある。徳さえあれば、身上さえ達者に貸していただいておるなれば、そのよろこびから出てくる生活が長者の生活であります。これが神様から下さる徳である。これこそ真にわが身につけてくだされる徳である。この徳を身につけさしてもらわねばならぬ。これこそが、三ッみにつくものである。身についているものだから、人から盗まれる心配もない。しかもこれ生涯とおっしゃる。心変わらねば末代の徳であるとおっしゃるのであります。

二下り目

四ッ　よなほり

人皆がこの心に入れ替えさせていただくことができ、身には徳をつけていただくことができて、わが身もよなほる、わが身もはんじょうする。すなわち身も健康にならしていただくことができる。わが家もよくはんじょう、立ち直らしていただける。世界もよく直ることができるのであります。

このよなほりた世界こそ、教祖のお待ち兼ねの世界である。人間心のない、欲のない世界で、神一条に立て替わった、神様の思わくの理想の世界である。これこそ月日ご守護の世界であります。このよなほりをお待ち兼ねくださるのであります。

五ッ　いづれもつきくるならば

この入れ替えた心でついて来るならば、神様のご守護もある。ところが人間というものは、心の入れ替えはできても、またいつとはなしに人間心に濁ってしまうのである。事にふれ、物に出合っては、つい欲の心にまよわされるのである。これがたすからんのである。つまりわが心に案じが湧いてくるのである。が、この親神様にさえもたれているならば、ちょうど子供が親に離れられないごとく、その御意のまま、その心のままにさえついていくならば、なんの不自由もない、なんの不時災難もない、その世界なる、月日の懐住まいをさしていただいておるのであります。これがたすかる道である。

自由知らん（じゅうよう）から皆の心に案じが沸いて出る。神の自由は人間の思わく（おも）ところりと違う。
（明治40・3・22）

あらゆること、これはみな神のご守護があるからである。しかも親神様はたすけてやりたい、ご守護をしてやりたいとお待ちくだされている。にもかかわらず、この親神様にもたれ切ることを知らずに、わが人間心、欲の心にあれこれと先の案じで心一杯にその日を暮らしているのである。先案じの元である人間心、欲の心をすっかり捨てて、親神のご守護にさえもたれておればそれでよいのである。すなわち親神の仰せ通りをわが心としてもたれ切らしていただく、そこに自由も与えてくだされるのである。人間心の常として、一度心の入れ替えをさしていただいてたすけていただいても、また心がゆるみ、身上事情となって現れるのである。そこでいくら立派な家が建っても、それが建ち上がったそのままでは、建てながしの館（やかた）ではならんのである。風が吹く、雨が降る、そのために家がいたむならば、修繕（しゅうぜん）もせにゃならん。そのままにしておいては家も元もなくなってしまうのである。台なしになってしまうのである。この意味からいっても、心の入れ替え、身の立てかえ、きりなしふしんである。

二下り目

先輩の先生方が教祖についてこられたあの心、あの真剣な心の中には、たすかる、たすからんという考えもなかったのである。教祖とは離れられない、切っても切れん、ついていかずにおられない気持ちで、しっかりと結びついておられたのであった。ついていかずにおられないその心が、教祖のどうでもこうでもたすけ上げずにおられない、その心にぴったりと結びついたのであった。そこに不思議なるご守護もある。思いもよらぬ今日の結構も見せていただくことができたのであります。

親神様の親心、教祖の親心を慕(しと)うてついてさえ行くならば、そこにはたすけの綱があるのであります。それを教祖が常に首を長くしてお待ちくだされているのであります。

六ッ　むほんのねえをきらふ

むほん心とは争い心である。神の目から見たならば横道にそれる心、神の思わくからいえば、曲がった心、天理に適(かな)わん心、すなわち病気、不時災難の心、これが大きくいえば戦争ともなる心である。親神様の仰せにさえもたれ切って、仰せのままにつきくるならば、このむほんの根を切ってやろうとおっしゃるのである。

この世は天地抱き合わせ、月日抱き合わせの天理の世界、この世界に出していただいている限りにおいては、この親神様の御胸に抱かれて、天理のまにまに与えられたわが境遇をよろこんで通らせていただくところに、わが身のいんねんも切っていただくことができるのである。それはなかなかできがたいものである。このできがたいところをよろこぶ、これはお道の精神でなければできん、これをたんのうと仰せくだされる。だからたんのうは前生(ぜんしょう)通り返しのできていないいんねんのさんげとして受け取ってくだされるのや、ともお聞かせいただくのである。

この争い心の根を切っていただくことができるから、小さくはわが心も治まる、したがってわが身もたすかる。わが家も治まる。大きくは国も治まる。戦争もなくなり世界も一つに治まる。これむほんの根が切れたのである。

親は月日一つである。これで月日抱き合わせの神の温かな懐住まいをさしていただくことになる。われわれは常にそれを口にしながら、わが心も治まらんから身もたすからんのであります。

一つの天理の世界にありながら、めいめいがわが身勝手な心で通るから、天理の世界がにごる。にごるから治まらん、治まらんからたすからんのである。たすけていただく天理の世界に出していただいていながら、これではたすからん。実に申し訳のないことであります。

七ッ　なんじふをすくひあぐれバ

一れつは神の可愛い子供やとおっしゃる。神の可愛い子供ならば、われわれお互いはこれ皆兄弟である。

この世の中は、天地抱き合わせ、互い立て合いたすけ合いの世界である。この世の中に出していただいている限りは、お互いは、兄弟でなくともたすけ合わねばならんのである。まして兄弟ならば、人の事をわが事としてたすけさしてもらわねばならんのである。

どこそこから身上たすけのにをいがかかってきた。兄弟ならば放ってはおけまい。夜が夜中でも、たすけにやらしてもらわずにはおられまい。人の事をわが事として運ぶ心、これ真実や。真実ならば理は先方に通じる、とおっしゃる。理が先方に通じるならば、そのおたすけはご守護くださることはいうまでもない。

ところが、にをいがかかってきた、夜中のことなら明朝に行こう。これは私という人間が運ぶのである。人間が運んでご守護のあろうはずはない。人間勝手、わが身の都合から運ぶならば、それは人間が運ぶのである。教祖のおたすけという大事なご用をさしていただくのがおさづけ人である。教祖の理を伝えるのがおさづけ人である。教祖のお心は、たすけてやりたいとの誠真実よりほかにない。ならば運ぶおさづけ人も、何でもどうでもたすかってもらいたいという心よりほかにあってはならないのである。その心にならしていただくお互いが、わが身勝手、わが身の都合はいっておられないのである。

このたすけた理が、またわが身をたすけていただく種である。理の元となるのであることはいうまでもない。

やはり口で親神様の懐住まいや、天地抱き合わせの世界やと、いくらいっていても、これはなんにもならん。天理の世界ならば、種を蒔(ま)かにゃならん。たすけにゃ、たすからんのである。

教祖はこうお聞かせくだされたのである。

「このやしきに住まっている者は、兄弟の中の兄弟やで。兄弟ならば、誰かが今日どこそこへ行く、そこに居合わせた者、互いに見合わせて、着ている着物、誰のが一番によい、一番によいならば、さあこれを着ておいでや、またたとえ一銭二銭でも、持ち合わせている者が互いに出し合って、これを小遣いに持って、さあ行っておいでや、といって出してやってこそ兄弟やで」と実にしんみりとお聞かせくだされたのであります。この優しい心遣い、これでこそ兄弟の中の兄弟とおっしゃる。このたすけ合いの心こそ教祖のおよろこびになるお心、またわれわれ兄弟お互いにたすけていただくことのできる心遣いであります。

こうしてこの世の中から、難渋な者も救い上げたいというのが、教祖の唯一のお望みである。このご用をさしていただくのがお互いである。このご用をさしていただいてお互いのいんねんも切っていただいて、たすけてもらわねばならんのであります。今日は他人の身、明日はわが身のたすけていただく種となるのであります。

八ッ　やまひのねをきらふ

難渋な者をたすけ上げさしていただくことができれば、わが身もたすけていただくことができる。病の根を切ってくだされる。

病の元は心から。その心の入れ替えをさしていただくのが、この道である。身上は神様からのかしもの・かりものである。その心通りに身上を貸してくだされるのである。その心とは、いうまでもなく誠の心である。人をたすける心は誠真実、その心である。

心の入れ替え、身の立て替え、心のふしんが身のふしん、これがお道のふしんである。だから道はきりなしふしんである。しかも珍しい、不思議なたすけふしんである。ほかではたすからん、ふしぎふしんである。病の根を切っていただいて、初めてこの珍しいふしぎふしんというものが、ここにできるのであります。

九ッ　こゝろをさだめゐやうなら

この誠の心をいつまでも、しっかりとわが心に定めて通るのがお道の心定めである。一度こうと定めたことは生涯変わらんのが心定めや、とおっしゃるのである。真実心変わらぬのが誠、誠は天の理、天理は動かん、変わらぬが誠。

この道は、道の成人のためにいろいろとふしを与えてくだされるのである。個人の家においても身上である、事情であるというように、いろいろのふしとなって、お仕込みくだされるのである。その苦労の中、一度定めた精神で動かず、心乱さずに、親神様にもたれてついて行く。そこに道の成人を見せてくだされるのである。ふしから芽が出る。このふしを乗り切る心、それはいうまでもなく真実、真実だからそれが種となって、返してくだされる収穫は一粒万倍（いちりゅうまんばい）とおっしゃるのである。ここに道の成人、お互いの徳を積ましていただくこともできるのである。その徳がわが身の財産である。実に神様からの下されものは、目には見えないが、この徳よりほかにはないのである。

しっかり定まって、変わらんのが真の心定め、これが大切である。

さあ〳〵月日がありてこの世界あり、世界ありてそれ〳〵あり、それ〳〵ありて身の内あり、身の内ありて律あり、律ありても心定めが第一やで。（明治20・1・13）

心定めこそ第一やでと仰せくだされるごとく、これが道の者お互いの生命である。この心の動かぬところに、神の確かなるご守護となって現れること、これ実に動かんところの事実であります。

十デ ところのをさまりや

むほんの根も切れた。病の根も切れた。このたすかった心、この時の心を、これをいついつまでも変わらんようと、心が定まったならば、ところの治まりである。これこそが、親神様の思わくの世界である。このない人間ない世界を創めてくだされた時の、月日親神様の思わくの世界の実現である。

一家のおさまり、所のおさまり、国のおさまり、世界のおさまりである。つけかけた道ならばどうでもこうでもつけにゃならん、これが親神様のお心である以上は、このお心に添わしていただいて、一日も早くこの実現を見せていただくようにつとめさしていただくのが、われわれの唯一のつとめである。これがきりなしふしんの完成した時である。

教祖七十年祭もいよいよおやしきより打ち出された今日、われわれは、いかなる心構えをもって通らしてもらわねばならぬのでありましょうか。幸いにも、教祖五年祭を迎えさしていただく直前に、この心構えをお諭しくだされている。

さあ〳〵明ければ五年という。万事一つの事情を定め掛け。定めるには人間の心は更々要らん。弱い心は更に持たず、気兼ね遠慮は必ず要らん。さあ思やんしてくれ。これから先は神一条の道。国会では治まらん。神一条の道で治める。

（明治24・2・7）

これは旧にして二十三年十二月二十八日の「刻限話」である。であるから、明くれば来年は教祖五年祭であると、こう仰せくだされている。この五年祭こそは、道の上において、初めて教祖の年祭として勤めさしていただくことのできた年祭であった。一年祭は、あの警察騒ぎによって、せっかく群れ集うごとくに教祖を慕うて帰ってきた子供が、一人残らず、おやしきの門外に追いやられたあの無念なる年祭であった。それでこの五年祭こそ、子供が親を思う心のできるだけをお供え申し上げたいとの、しかも初めての年祭であったのである。

その心構えとしてお諭しくだされたのであるが、その心構えで万事のことをやってもらわねばならん。それについては、人間心はさらさらいらんのである。また弱い心もさらにもたず、世界に対する気兼ね遠慮というような心遣いはちょっともせずにやってくれ。今こそよく思案してくれにゃならん、これから先は神一条の道であるほどに。国には今ちょうど国会ができたが（明治二十三年に国会が始まったことを仰せになっている）、神一条の道である以上は、心をしっかり定めて、神にもたれて通りて、初めて小さな人間心もなくなり、弱い心も、世界に対する気兼ね遠慮もなく神一条で通れるのである。これから先は、どこまでも神一条で通ってもらわねばならんのである。この道はどこまでも人だすけの道、人心救済の道である。人の心の救済されない悪気悪気の世界であっては、いくら国に今度国会ができたからといって、その国会で根本の心の救済のできんことでは、真の国の安全を望むこともできないのである。この世の中は月日の世界、神のご守護の世界である。神一条の世界である。神のご守護の世界ならば、どこまでもこの神の思わくに適う心になって、初めて神のご守護を頂くこともできる。皆が神のお心に適う心になって、皆がたすけていただくこともできる、皆がたすかって国が真に治まるのである。世界人心救済であるこの道は、どこまでも神一条でなければならん。神一条に皆がなって、初めて国も治まる、世界も治まる。国も安泰である。世界も真の平和である。

これすなわち「十デところのをさまりや」と、親神様の思わくの世界にならしていただくことができるのである。

年祭は、教祖の大理想であるきりなしふしんの完成に対する成人のためのふしである。このふしを生かさしていただいて、きりなしふしんの完成に前進さしていただくのが教祖年祭に対するお供えである。

五年祭への心構え、これまた七十年祭への心構えでもなければならんのである。

気兼ね遠慮なく、強い心で進ましてもらわねばならぬ。人だすけのこの道に、遠慮気兼ねはさらさらないはずである。

七十年祭を前にして、ますますこの心をもって進ましてもらおうではありませんか。

（昭和二七、七、一二）

三下り目

本下りの主なる問題は、つとめ場所について仰せくだされるように思われます。おつとめのいかに重要なこと、そのおつとめをなされる場所であるつとめ場所のいかに重要、必要なことが、これにてよく悟らしていただくことができるのであります。

つとめ場所こそ、よろづたすけのつとめ場所であり、病たすけのつとめ場所であります。つとめ場所に運ばしていただくことによって、いんねんも切ってくだされる、たすけてもいただけるのであります。

つとめ場所のふしん、これおやしきのふしんとも大きく悟らせていただくこともできる。つとめ場所はたすけていただくことのできるおつとめをされる所であり、そのつとめ場所に心を尽くさしていただき、運ばしていただくことによって、たすけていただくことのできるつとめ場所であります。

一ッ　ひのもとしよやしきの
つとめのばしよハよのもとや

ひのもとということは、この文字通りいうならば「日の本」であって、日本ということにも考えられますが、もっと広く世界全体というように、日の照る限り、お日様のご守護のある限り、すなわち天が下と悟らしていただいてよいのであります。「この世界中の」と悟らしていただいてよいのであります。

教祖は庄屋敷のことを、

「しょうのあるやしきやさかいに、しょうやしきと言うのやで」

とお聞かせくだされたのであります。これは何と大きな、深い意味のあるお言葉ではありませんか。しょうというのは、もちろん正味という意味のあることはいうまでもない。物の正味というものは二つも三つもあるものじゃない、ただの一つである。またしょうという意味には、生というように、生まれるというようなことにも悟らせていただくことができる。しょうと仰せくだされてこの「生」の文字のあてておられないところに、実に意味深いものが窺われるのであります。

でありますから「しょうやしき」と仰せくだされるその言葉の中にも、ない人間ない世界をおこしらえくだされた所であるとも悟らせていただくことができるのであります。その庄屋敷のつとめ場所こそよのもとである、と仰せくだされる。

おつとめは、ない人間を初めておこしらえくだされた、その元の理を現されたものであって、そのおつとめの理によって人間の心を、元々人間をおこしらえくだされた親神様の思わくの人間に造り変えるためであります。その人間の心を入れ替えてくだされる所であります。ですからつとめ場所そのものの理からいいましても、世の中をお造りくだされました、その世の元に立て替えくだされるという理からいいましても、よのもとであります。

ところでこのつとめ場所のあるおやしきのことを、教祖のお言葉では「中山五番屋敷」と仰せくだされるのであります。中山五番やしきこそ、おやしきの中のおやしきであり、元のおやしき、よのもとであるそのおやしきである。このおやしきで人間を三日三夜（みっかみよさ）で宿し込みになり、三年三月（さんねんみつき）おとどまりになって、国々にお産みおろしくだされたのであります。そのおこしらえくだされた所がつとめ場所のある所であり、かんろだいの建ってあるぢばの目標こそが、その人間をおこしらえくだされた時の、身の内のほんまん中に当たるのであります。そしてそこにこそ、この世の元の親神である月日の親神様、天理王命（てんりおうのみこと）様がお鎮まりくだされるのであります。

でありますればこそ、

「ぢば一つ理はひとりだちできてあるのやで」

と仰せくだされてあるのであります。この世の中のものは何にしても、元がなければ物はできない。物なくして、原因なくして、物は現れないのである。そのあらゆるもののご守護の元、根源がこのぢばにあるのであります。

「わしや人間はつれて行くことはできても、中山五番やしきは、どうすることもできまいやろうがな、そこに大きな台を建てるのやで」

と、かように教祖が仰せくだされまして、ぢばの理こそは人間の力でどうすることもできない、絶対なものであることを、よく分かるように、お諭しくだされたのであります。

このぢばのある、この中山五番やしきこそつとめ場所のある所であり、これこそ世の元であります。元の親神様の思わくの人間の心に入れ替えてくだされる、おつとめの場所であります。

二ッ　ふしぎなつとめばしよハ　たれにたのみはかけねども

不思議なおたすけを頂くつとめ場所でありますが、このつとめ場所のできたのは元治元年のことであります。

飯降伊蔵先生なる本席様が、奥様のおさと様の産後の患いをおたすけいただかれましたのは、元治元年の五月のことでありました。このおたすけを頂かれましたについては、ご自身大工のことであるので、神様のお社をこしらえて、これをお上げ申し上げたいと、お願いになったのである。ところが教祖には、

「社はいらんから、小そうてもつとめ場所から建てかけるよう」とのお言葉でございました。かくのごとく「社はいらん」と仰せくだされたのももっともなことであります。教祖こそ神のやしろであるのであります。そして、「一間四方を中心として、それからの継ぎ足しは心次第や」というようなお言葉も頂かれました。

つとめ場所の建築は、そもそもこれが始めであったのであります。これが動機となって建築せられることになり、九月十三日には手斧の始め、十月二十六日には上棟、そして十二月には出来上がったのであります。これについては、私は畳を上げさしていただくとか、戸障子を上げさしていただくとか、今日までおたすけを頂かれましたその人々の心づくしが集まって、そこそこにつとめ場所もできたのでありました。おそらくこれが、本教における信者の、おやしきに対する心づくしが形になって現れた初めであったのであります。翌日の二十七日、山中忠七様からの招待を受けられて大豆越の山中宅へ行かれる途中、大和神社における事件が起こって、それがふしとなって、十二月の年末のおやしきにおける支払いの困難ということになったのでありました。

その時に、このことに当たってくだされましたのは、大工の本席様が材木屋、瓦屋のお断りにお越しくだされたのでありましたが、その陰にてご心配くだされたのはこかん様でありました。

「あんな嬉しいことはなかった。断りに行くと、先方では誠に気持ちよく、待っていてくだされたように、いつでもできた時で結構ですと、気持ちよく承知をしてくれた」との話でありました。神様が先回りをしてご守護をしてくだされていたのでありました。

というように、実に不思議なご守護でつとめ場所もできたのでありました。おやしきのふしんは誰にたのみはかけん、と仰せくだされるごとく、人の力でするのではない、神のご守護によってさしてくだされるのであるということをまず心におさめておかなくてはならんのである。不思議なる神様のご守護によってさしてくだされるのである。この時にふしが起こった、もちろんこれは神様の思わくである。よのもとであるこのつとめ場所の建築に、御魂のいんねんから申し上げて、ほかならぬこかん様が――すなわちくにさづち様といえば、亀である、台の理である、つなぎである、よろづ金銭つなぎの御理のお方である――このお方が世の元であるつとめ場所の後始末の金銭のつなぎの上にご心配ご用をおつとめくだされたというのも御いんねんの理のあるところであり、これまた道の雛型であり、今後におけるこうした場合の、特に婦人としてのつとめをお示しくだされたものであるとも、悟らせていただくこともできるのであります。お道における寄進によって、すなわちひのきしんによってできた初めてのふしんであります。実にふしぎふしんの始めでありました。

道のふしんは平々凡々なるふしんではない。心のつなぎ、心のあつまり、心の寄って集まったところに神様の不思議なるご守護によってできるふしんでなければならんのである。しかもそこには、真実をふるいにかけてお見分けくだされる、ふしさえも与えられることを覚悟せねばならんのであります。これなるが故に、たすけふしぎふしんであるのであります。

三ッ　みなせかいがよりあうて
でけたちきたるがこれふしぎ

この道のついたのは、不思議なるおたすけを頂かれた、それから道がついたのである。不思議というのは、人間力ではどうすることのできぬもの、その不思議こそ神の働きであります。

親神様は、可愛(かわい)い子供をたすけてやろうと、子供がその不思議なご守護を頂くのをお待ちくだされているのである。その不思議なご守護の綱にかかった者の心づくしで、形に現れたのが、おやしきの不思議な姿である。これはその人本人でなければ分からない姿である。この出来上がった姿、これは人の目からは不思議である。

教祖の六十年祭の時であった。実に物資の不足な時であった。また、運搬するにも困難な時であった。しかし「教祖の年祭や、親神様にお供え申し上げたい」という心づくしが、毎日のおつとめに、実に山なすほどのたくさんな神饌(しんせん)をさしていただくことができたのであった。これはお金や、物資の力ではできることではなかったのである。おやしきを思う、教祖を思うこの真実がこうした姿となって現れたのであった。この真実は、物やお金では計ることのできないものであるだけに、そこに現れる姿は不思議なものになって現れるのが当然である。不思議なるおたすけ、珍しきおたすけを下されるおやしきだけに、そこには人間頭では解されない不思議な姿となって現れるのである。

皆が心からおやしきや教祖やというて、その思う心の現れた姿がおやしきの姿であります。

この世の中のもの、何一つわがのものはないのである。わがものと思っている身上（みじょう）すら、神様からのかしもの・かりものである。これを運ばしていただこうとの、その心だけがわがのもの、わがの理であります。すなわち、おやしきに皆の心が寄るということが肝心なことであります。その心の真実にのって神様がご守護くだされるのであります。すなわち、おやしきに対する心のつなぎが親神様のご守護を下されるつなぎとなって、形になって現れるのであります。でありますから、こちらから頼んでも、願ってでもおやしきのご用はさしていただかずにはおられないのであります。

これは、元治元年のつとめ場所のふしんの時のことを、ただいまの北礼拝殿のふしんにかかられる時にお諭しくだされたおさしづである。

一坪（つぼ）から始まり、一坪ぐらい何（なん）でもないと言うやろう。掛かりはそんなもの。それを引き受けると言うた者は席が言うた。皆その心に成れ。一坪から始め掛かり、言うて来て出来た。

（明治40・5・21）

このおさしづが、北礼拝殿なるおやしきの大建築の時のお仕込みであると共に、今日のおやさとやかたご建設のためのお仕込みでもあるのであります。

四ッ　よう〳〵こゝまでついてきた　じつのたすけハこれからや

つとめ場所もできて、ようまあここまでついてきてくれた。これからこそ、本当にたすけていただく実のたすけが始まるのである。たすけづとめの場所のできたことをおよろこびくだされているのである。がもっと一般的に悟らしていただくならば、この道というものはなかなか苦労の道である、その苦労の中を通ってくれたなればこそ、そこにいよいよおたすけを頂く種も肥やしもできて、いよいよ本当にこれからこそたすけていただくこともできるのである、と悟らせていただくことができる。

道は苦労の道の中にこそ神をわが心に描き、教祖のお道すがらもわが心に抱きしめるような気持ちで、通らせていただくことができるのである。楽々の道には道がない。苦労の先にこそ楽々の道がある、とも聞かしていただくのである。ところが苦労の道に出会わすと、人間心が出て、これを逃げたい、のがれたいと、この道から離れてしまうのである。ようまあ、ここまでついてきてくれた、と親神様の仰せくだされる道を、どうでも途中切れずに通り切らしてもらわなければならんのである。それを親神様がお待ち兼ねである。それを通り切らせんがために、教祖の永のお苦労の道すがらもあるのであります。

そこにこそ、本当に神様の思わくのようにたすけてくださされる実のたすけがあるのであります。これを待っていてくだされるのであります。

五ッ　いつもわらはれそしられて
めづらしたすけをするほどに

教祖時代は、実にこのお歌のような道すがらであった。これはただに教祖時代の道だけではない。この心構えこそは、道のおたすけ人の心構えでなければならんのであります。よいことをして、人から阿呆(あほう)や馬鹿(ばか)やと笑われて、そしてよろこんで通らしていただいてこそ、そこに残る理がある。教祖をはじめ、その当時の先生方の通り方はそれであった。ですから今日こうしたお道があるのでありま す。

これは余談になるかもしれませんが、こうした話があります。盲目の会長さんがたすけていただかれたお話です。伊三郎父に一本の手紙を頂かれて、そのお諭しによって目を開けていただかれたのであります。その内容の大意は、

「あんたは会長でありながら盲目である。であるから、会長でありながら盲目であるというて、人は笑うであろう。が会長というもののつとめは、このお道の話を人に取り次がしていただくのが、あんたの役目でしょうがな。ところが人に笑われるからというて、頰(ほお)かぶりをして、家にすっこんでいてはたすけてはいただけん。人に笑われても結構と、この道の話を人に聞いていただく、この天理の話を聞かしていただいた人は心もあざやかに晴れるであろう、それその人の心の目が開いたのや。身上

は神様からのかしものや、かりものや、その理であんたの目が開くやろう」というような意味の手紙でありました。

おたすけさしていただく者、珍しいおたすけをさしていただくお互いは、高慢心ではそのご用はさしていただけない。心も低く、すっかり人間心を忘れて、ただただたすけていただけたらそれで結構、それが教祖の可愛い子供をたすけてやりたいとの、その親心に適(かな)うのであります。笑われようが、そしられようが、問題ではない。これが教祖の唯一のご用であると思わしていただく時、心も勇む、心は嬉しく躍るのであります。

六ッ　むりなねがひはしてくれな　ひとすぢごゝろになりてこい

おたすけも、ただ願(ねご)うただけではたすかるものではない。親神様の仰せくだされるように、ただただ一条心(ひとすじごころ)になるところ、そこにご守護を頂くのであります。これすなわち教祖の仰せをハイと受けて、すっかりそのお心にすがってお通りくだされた、先輩の先生方の通り方がこれであります。

たすけていただきたいといって道に入れていただかれた伊三郎父でありました。教祖からお接しいただいて、この教祖から離れられない、この教祖の仰せをただハイと一生懸命に守らしていただいてきた道が、今日のこの結構を見せていただくことができたのや、と話されたことがある。もうここまで来るならば、たすかるたすからんの問題ではない。教祖について行かずにはおられない、時と場合には家をも放って、家族を放ってでも教祖にお供せずにはおられない、この境地であったのでありまス。お道の信仰の態度は、これであると思います。この関係、このつながりが教祖と子供の関係であります。ここにこそ、結果においてご守護いただく、おたすけを頂くことのできる結果となって現れるものであります。

この道は形の参り信心、拝み信心ではたすからないのであります。そこにたすけていただく種がなくてはならないのであります。親神様に受け取っていただくことのできるような、思わくの心にならしてもらわなくてはならんのである。天理の世界である以上は、天理のご守護を頂くことのできるように、その神一条にすがるよりほかないのであります。すなわち神の道はただ一すじ、人間の道には千すじあると仰せくだされるごとく、この神一条にならしていただいて初めて、たすけていただくことができるのであります。

七ッ　なんでもこれからひとすぢに　かみにもたれてゆきまする

前にもここにも、ひとすぢとありますが、この一すじ心とは、人間初めてお造りくだされました時、人間の雛型(ひながた)として、いざなぎ、いざなみのみこと様をお呼び寄せになりました時、真一文字に、わき目も振らずに月日親神様のところへ来られたその心、その心こそ親神様の思わくの人間の心であると仰せくだされております。すなわち自分の周囲に心もくれず、ただただ神一条に、一すじ心になって親神様にすっかりまかせて、これから行くということであります。

この世の中は、天は月様、地は日様、このご守護の天地抱き合わせの天理の世界であります。この天理の世界ならば、天理に従って行くよりほかに通り方はないのであります。いかに人間心を使っても、それは心を苦しめるだけであって、どうにもならん。天理のままにするほかどうにもならんのであります。わが身思案、人間心は神のご守護を断っているようなものであります。どうしてもこうしても親神様の思わく、天理のままにしかどうにもならんのであります。人間思案、人間心は、どうせ行くべき所へ行くのを、遠回りしているようなものであります。

八ッ　やむほどつらいことハない　わしもこれからひのきしん

だめの教えとして、教祖からお教えくだされましたのは、身上かしもの・かりものの教えであるとも悟らせていただくことができます。こればかりは、物資金銭でも真の解決がつかんのであります。「かしもの・かりもの教えの台」と仰せくだされるように、これこそお道の教えの台であります。これをわが心にしっかり治めさしていただくところに、真にたすけていただくところのものがある。実に病むほどつらいことはない、と仰せくだされるごとく、その身上をたすけていただくためには、ひのきしんの心で通らせてもらわねばならんと仰せくだされるのである。

身上は神様よりのかしものや、かりものや、これをわが心に悟って、その日々の親神様の大恩に対してご恩を報じさしてもらわねばならんという上から、親神様のご用に働かしていただくことが、これひのきしんであります。であるから、ひのきしんには、何の報酬も願ってはならぬ。これがひのきしんの精神である。この精神で働かしていただくように、実は親神様からこの身上を貸してくだされてあるのである。これが天理に適う身上の使い方である。

教祖は、実によくお働きになったお方である。女衆もあり男衆も使っておられるにもかかわらず、朝は男衆女衆に先立って早くお起きになって、よくお働きくだされた。夜分も男衆女衆を先に寝かせて、一番後から戸じまり、火の用心をしてお寝みくだされた。あまりよくお働きくだされますので、ご家族の方が、教祖にお尋ねになった。なんであんたはそんなによく働くのやと。すると教祖は「わたしはどちらかというと、身上は皆さんよりは弱い方やから、皆さんよりも余計に働かしてもらうのや」とお教えくだされた。教祖は身上は弱くはなかったのであるが、この理合いをお教えくだされたのでありました。

身上は人によろこんでいただくよう、人のために働かしていただくように貸してくだされてあるのであります。これが天理の世界に身上を貸してくだされている、天理に適う身上の使い方であります。

これが弱い身上もたすけていただくことのできる元であり、種であります。

ひのきしんは、その働かしていただいたために、人から物資を予期しない。それを求めないのがひのきしんである。だから親神様から金銭では買われない身上のご守護を下される、ありがたい天の与えを下されるのであります。

この道を通らせていただいて、物資を目標にするならば、これは道の通り方を間違えておられる方である。そんな人はよろしく物資を目標にして働く、人間心の世界で思うままに欲をわが心の資本として働くがよいのであります。ところが肝心の身上はどうなるか、身上がなければ働きもできないのであります。まず身上が問題であります。

この問題は、やはりこの神様に頼らしていただくよりほかないのであります。

この天理の世界において、この天理に適う、このひのきしんの精神こそ、これが唯一の通り方である。従ってこれはいんねんを切っていただく道であり、また徳を頂くことのできる通り方でもあります。これ道の唯一の通り方ということになるのであります。

早い話が身上そのものも、人のために働かしてもらわねばならんように貸してくだされてあります。

例えば、目一つにしても、わが目でありながら、一番肝心なわが顔は見えない。人の顔でなければ見えない。人の顔に墨でもついていたならば、墨がついていますといって、よろこんでいただくように貸してくだされてある。これを思案さしていただいても、どうでも身上も人のため、人によろこんでもらうために、働かしてもらわねばならんのであると、よくよく悟ってもらわねばならんのであります。

九ッ　こゝまでしん〳〵したけれど　もとのかみとハしらなんだ

これは私のおきく祖母がおやしきに初参りをさしていただかれまして、教祖にお目にかからせていただかれた時のお言葉でございます。

祖母は、この神様を信心さしていただくまでに、大変にあっちこっちと詣り信心に熱心な方でありました。ついてはおやしきに初めて帰らせていただかれて、教祖にお会いし「今日まであちら、こちらと詣り信心をしておりました」と申し上げられますと、

「あっち、こっちとえらい遠回りをしてお出でたなあ、おかしいなあ、ここへお出でたなら、みなおいでになるのに」

と仰せくだされたのであります。

軽い笑い話のように聞こえるかもしれないのでありますが、実にこのお言葉にこそ、ぢばの理のいかなるものであるかを、百姓女の祖母にも分かるようにお聞かせくだされているではありませんか。

ここへ来たならば皆おいでになるから、いかなることを願ってきてもたすけていただくことのでき

るおやしきであるということを、こうした分かりやすいお言葉でお諭しくだされたのであります。

これこそ、今日までさがし求めていた本当の神様や、実の神や、元の神や、親やという気持ちですっかり心も開いて、教祖に抱きつくように、しっかりとすがりつかれたのでありました。

十ド　このたびあらはれた　じつのかみにはさうゐない

道の生命はなんであるか。信仰は自由であるから、あれとこれと比較をして、これがよいから、これが利益であるからこれを信じよう、というのがわれわれの信仰の態度であるだろうか。

道の通り方は決してそんな手ぬるい、そんな余裕のある通り方であってはならんのである。ならんのではない、そんなことでは承知ができないのである。

これが実の神や、これが真の親やと掴(つか)ましていただくそこにこそ、道の生命がある。そしてそれを掴んだ以上は、いついつまでもそれをわが生命の親として通らしていただくところに、道の通る態度があるのであります。

この道信心さしていただいて、後にのこすものはなんであるか。この道を通らしていただいて、後にのこる何を願うのであるか。形のある財産ではないことはいうまでもない。この道を信じてくれる、この道から離れられない信心に生きる子孫を与えていただくことが、これ何よりも願うべきものであり、これこそ神様から与えていただいた何にも代えられない道の家宝であると言わなくてはならぬ。これを思う時、この道に入れていただいて、この実の神様に抱かれて日々通らしていただくことの結構、ありがたさを、親神様に、また連れてお通りくだされます教祖に感謝して通らせてもらわなければならんのであります。実にありがたいことではないか。

（昭和二七、八、一〇）

四下り目

本下りは、道を通らせていただく者の心がまえ、心のおきどころについてお諭しくだされているように思われます。すなわち神様のご守護を頂く道、神様のご用をさしていただくお互いであるから、人間心を捨てて神一条に、神にもたれて通らせていただかなくてはならんことは、いうまでもないことであります。人間の言うこと、見ていることくらいを気にしていては、この道通れないのであります。

この道通らせていただくのに一番肝心なことは、夫婦なる二人の心を、まず治めて通るということが最も大切なことであり、これでこそ初めて月日のご守護を頂く元であることを、お諭しくだされております。ひいてはおつとめのこと、またたすけていただくためには陽気な心になってくるようにと、道通らせていただく者への心がまえについてお諭しくだされております。

一ッ　ひとがなにごといはうとも
かみがみているきをしずめ

道の通り方と、世界の見方通り方とは、裏腹である。人の笑いを神が楽しむとも仰せくだされるように、神様に受け取っていただくよう、神様の思わくに適うように通らせていただくためには、人間心でとやかく言うようなことを気にしていては通れないのである。お道の信仰、お道の通り方は神一条である。

自分よいことをしていながら、人から悪く言われることもある。これは自分のいんねん、前生のいんねんの借金を払わしてくだされるのであると思案して通らせてもらわねばならん。人が言うのでない、神様が言わしてくだされるのであると、こう悟らせていただいて通らしてもらわねばならぬ。

人によろこんでもらうことをしながら、人から阿呆のように笑われ、しかもそれをよろこんで通らしていただくところにのこる理がある。いかに悪く言われても、これをはね返す理はない。これをどこまでも生かして通らせてもらわねばならん。ここにお道の通る道がある。これがたすけていただく道である。

教祖をはじめ今日までの先輩の先生方の道すがらは、これであったのである。であるからして、道は大きくなってきたのである。

であるから、何事を言うとも、いかなることが目に映ってこようとも、天理の心をはずさぬよう、心を治めて通らせてもらわねばならん。それが誠の心である。神が見ておられるからして、世界の見えておる姿を見るがよい。悪の道は悪だけに、誠は誠だけに現れておる。

人からなんといって笑われても、一度こうと定めた心を生涯の心として、変えないのが誠。この誠の心にのって神様はお働きくだされるから、今は笑っている人でも、またこちらの方についてくるようにご守護くだされる。この誠の心を神様が見ておってくだされる。これを待っていてくだされるのである。子供たすけてやりたい上から、この道をおつけくだされる上から、教祖には警察や監獄にまでご苦労くだされました。実に一方ならぬご苦労の道すがらをお通りくだされたのであった。それで

ある日のこと伊三郎父が教祖に、

「われわれ子供を思うていただくなればこそ、こんなにも教祖にご苦労をおかけ申して、誠に申し訳もないことでございます」

と申し上げられました。すると、

「わしは苦労でも何でもないねで、人に頼まれてしていることやったら、またやめるということもあるやろうが、人に頼まれてしていることやないもの、やめるにやめられんがな、苦労でもなんでもないねで」

とこうお聞かせくだされました。これが教祖のご苦労に対するお心であった。これをわれわれ道に続かしていただく者、人から何といって笑われようが、そんなことくらいでこの道を通らしていただく

のに心がぐらぐらしているようなことでは、実に申し訳もないことである。この道は頼まれて通らしていただく道ではない。実に人間として、この道を通らせていただかずにはおられない道である。本心から通らせていただかずにはおられない道である。苦労の道をよろこんで通らしていただくことができるので、いんねん借金も払わしてくだされるのである。これをよろこばしてもらわねばならんのである。

神様は見てござるのである。否、神様の守護の懐住まいをさしていただいているのである。

二ッ　ふたりのこゝろををさめいよ　なにかのことをもあらはれる

この場合の二人の心とは、もちろん夫婦のことである。「このよのぢいとてんとをかたどりて　ふうふをこしらへきたるでな　これハこのよのはじめだし」と仰せくだされるように、月日がこの世の元であるごとく、この世の根本であるごとく、一家においても夫婦二人が元である。二人の心を治めることが、まず第一肝要なことである。二人から万事が起こるのである。善きも悪しきも二人が元である。

この世は天地抱き合わせの世界であるごとく、夫婦抱き合わせでなければならん。互いに持ちつ持たれて、一つ心になるところに治まるのである。形は二つであっても夫婦といえば一つであるごとく、心は一つでなければならん。天地といっても一つの世界である。

神様のお話（月日のお話）を聞いて初めて、妻は夫のありがたみ、夫は妻のありがたいことが分かるのである。分かるから、妻が夫に心が離れるなら天（水）に離れることであり、妻に心の離れることは地（温み）に離れることである。夫婦である以上は、二つ一つに心を抱き合うていって、初めて温み、水気の五分五分のご守護を頂くこともできるのである。このご守護がなければ、何一つできるものではない。百姓をしていても、夫婦が互いに争い喧嘩をしているようなことでは、その作物にもご守護は頂けないのが道理である。

この世の中のあらゆること、これは二つの理のご守護から現れてくるものである。

私は、大阪の船場大教会の先月の月次祭にお邪魔をさしていただきました。その時に梅谷忠雄会長様から、こうした結構なお話を聞かしていただきました。

梅谷四郎兵衛先生がこのお道信心なされて、おやしきにお帰りになりましてはおやしきで、先生方から夜の明けるまでいろいろと神様のお話を聞かしていただかれました。その時に、四郎兵衛先生が、伊三郎父から「梅谷さん、この道の信心は、夫婦が一つになって信心をさしていただくことが、肝心なことですで」というようなことを聞かしていただいて、お道における夫婦の通り方のお話を聞かれました。それからというものは、梅谷先生は大阪のわが家にお帰りになり、その時分には奥様のおたね様も、まだおやしき帰りもしておられません時分でしたが、梅谷先生がおたすけに出て行かれるという時には、いつでも今日はどこそこと、どこへ行ってくるといって、おたね奥様に必ずこう言って出て行かれました。でありますから、おたすけに行かれるのは梅谷先生一人ではございますが、家ではおたね奥様のお心は、その病人のため一心に願っておられる。先生のおたすけは、いかなる難病もみな、ご守護となって現れていた。

ところがある夜のこと、病人のおたすけ（難産のおたすけ）を言ってこられたので、そのまますぐに急いで出て行かれました。するとその途中まで行くと、暗闇の中にガス灯が一つ灯っていた。そのガス灯に、一人の見たことのない女の顔がありありと映っている。不思議なことやと思いながらその家に行かれた。するとその難産の病人の顔が、今そこで見たガス灯に映っていた女の顔であった。ところがいくら神様にお願いなされても、その時に限って、何のご守護のしるしも見せていただけなかった。それで致し方なくわが家に帰ってこられた。その拍子に、いつもおたすけに行く時にはわが女房にもその行く先々を言っておたすけのことを話して行ったのであったが、その夜に限って、急いだために何のことも言わずに飛び出されたことを思い出されて、これは定めた精神でないと心に懺悔をして、女房にもそのことを言って、またいまの難産の病人を訪ねられました。今度は鮮やかにご守護を頂かれたという話を、梅谷忠雄会長様から聞かしていただいたのであった。

これを思う時、夫婦が一つに心を合わせて通らせていただく時、しかも何かの願いごとをさしていただく時、これはどうでも二人が一つ心にならせていただくその理が、月日のご守護を下される元であるということが、ありありと見せていただくことができるのである。なんとありがたいことではありませんか。

　こうした夫婦のお話を、伊三郎父が梅谷四郎兵衛先生に取り次がしていただかれましたについては、父にはかつて、こうしたことで、教祖からお諭しを頂いておられたのでありました。というのは、教祖の仲介にて父母はおやしきで結婚の盃をさしていただかれました。それから後日のこと、父が教祖の前に出られると、教祖がこう父にお諭しくだされたのであった。

「伊三郎さん、あんたは外ではなかなか優しい人交際のよい人であるが、わが家に帰って、女房の顔を見て、ガミガミ腹を立ててしかることは、これは一番にいかんことやで、それだけは今後決してせんように」

と教祖が父にお諭しくだされました。このお諭しを聞いて、父は、ほんになるほど、これは申し訳のないことや、今後は決して腹を立てません。とその時その場でこう精神定めをせられました。それからというものは、わが家に帰って女房の顔を見ても、ちょっとも腹の立つようなことが目に映ってこない。これからというものは、父の心の中に、夫婦というものの二人の心を治めるということが、いかに家庭においても肝心なことであるかが、わが胴身にしみたのであった。それで、「夫が女房を踏みつけにしておるようなことでは、いかほどこの神様に手を合わせて拝んでも、神様はきいてはくださらんのやで」といって、夫婦互いにその理を立て合うて通らせていただかなければならぬことを、常に話しておられました。

月日がこの世の元、夫婦二人が家内の元、元ならばここから何も彼も、善も悪も、その通りにご守護となって現れるのである。

三ッ　みなみてゐよそばなもの
かみのすることなすことを

神様のなさること、すなわちご守護くだされることは、日々の衣食住から、人間日々の守護、これみな神様のご守護であるなればこそであって、これがなければ一日の日も生かしてはいただけないのである。

このご守護を頂くためには、月日親神様のお心に添わしてもらわねばならんのである。夫婦ならば二人が互いに心を合わして、二つ一つの心にならしていただくところに、月日のご守護も下されるのである。

「みなみてゐよそばなもの」とは、この世の中に出していただいている限りにおいては、月日抱き合わせの世界である。誰も彼もこれみな、親神様のそばな可愛い子供である。

人間というものは、形に現れている表面のことしか分からないのであるから、人間は何でも彼でも人間の力で行けるよう、できるように考えているのであるが、実は決してそうではない。日々の生活を見て、よく思案さしてもらわねばならんのである。

身の内は神様のかしものである、と仰せくだされるように、わが子供、わが腹中から産むのではあるが、体内に宿し込むのも月日なり、と仰せくだされるように、月日親神様の思わくから与えていただく子供である。また日々食べている米麦その他のものにいたしましても、これは人間の手で作っているのではありましても、決して人間の力で作れるものではない、みな神様のご守護であるなればこそ、こうして与えていただいているのである。

であるごとく、世の中のことは、これみな神様のなさることである。神様のご守護のままにできてくることである。これをよく間違いのないように、心におさめて通らせてもらわねばならんのである。

四ッ　よるひるどんちやんつとめする
そばもやかましうたてかろ

夜が明けて、朝になったといっては朝づとめをする。日が暮れたといっては夕づとめをする。明けても、暮れてもおつとめばかりをしているこのおやしきであるから、何も分からん者には、さぞかしやかましく、うたてなことであろう。

が前にも仰せくだされているように、この天理の世界に出していただいている限りにおいては、月日親神様のご守護を離れては、一日の日とても通れないのである。そのご守護を、今日は結構に通されますように願う朝のおつとめである。このお願いをするからには、日の暮れともなれば、今日は結構に通らしていただきましたと、その感謝を申し上げる夕づとめである。天理の月日抱き合わせの世界に出していただいている限りは、これは当然のことである。

いずれは世界の者も、皆この結構に気づくならば、よろこんで勤めさしてもらわねばならぬおつとめである。いずれ夜やら昼やら分からぬ姿に、皆がよろこんでさしていただくおつとめの姿に、おやしきもならしていただくのである。

この道信心をさしていただいて、道の結構、おやしきのありがたみを知ったなら、おつとめがうるさかろう、うたてかろうと思うようなことのあろうはずはないのである。

教祖六十年祭の時、私はご本部のおやしきの西門の主任宅に住ましていただいておりました。夜のことであるから門は閉めさしていただきましたが、次から次と参拝者がありまして、ギイギイと門の開け閉めの音が後を絶たないありさまでありました。一面人間考えからいうならば、眠れなくて腹も立ちましょうが、おやしきのありがたい結構を思うて帰ってこられるその方々の心をわが心に思わしていただく時、ついわが身も、真にそのありがたい結構な心で一杯にならしていただいて、うれしくて眠れなかった。そのお陰で、毎夜毎夜六十年祭の年祭随録を書かしていただくことができました。これは、わが身にも不思議でたまらないほどに書かしていただくことができたのでありました。おやしきに住まわしていただいておったありがたみ、そしてそのよろこびが、かくもご守護となって現れたものであると、今もあの時の感激が忘れられないのであります。

五ッ　いつもたすけがせくからに　はやくやうきになりてこい

よるひるどんちゃんつとめをしているが、それもやかましくうたていように思うであろうが、神の心は、いつもいつも子供の一時も早くたすかることばかり待っているのであるから、一時も早くおやしきに帰って、そしてこの陽気づとめをしてみるがよい。このおやしきこそ、いかなる身上もたすけていただくことのできる、不思議なるご守護の頂ける珍しい所である。「ぢばの土を踏んだらいかなる願い事も叶えてやろう」と仰せくだされておられるおやしきである。

おやしきの結構、ありがたみを悟らせていただく時、初めて何とも言い得ない勇み、よろこび、陽気を味わわしていただくことができるのである。帰らせていただく病人が、たとえ杖を持って、運ぶ足は重くとも、その心は軽くよろこびに躍っているのである。この子供のぢば帰りを教祖はお待ちくだされているのである。これが一番に教祖の楽しみにお待ちくだされていることである。

一日も早く勇み心で、おやさとと仰せになるこの親の膝元に帰らせてもらわねばならんのである。

六ッ　むらかたはやくにたすけたい
なれどこゝろがわからいで

親神様は子供を一日も早くたすけてやりたいと、お急せき込みくだされているのではございますが、村方にはこのぢばの結構やありがたみも分からないのである。であるから、こんな近くにおっても、たすけていただくこともできないのである。実に可哀想かわいそうなことには、近くに居るばかりに、教祖を普通の人間のように思うて、教祖のたすけてやりたいとの親心も分からないのである。

何なんぼ近くやと言うても、足場が無くば道は通る事は出来ん。（明治23・6・30）

とのおさしづのお言葉のごとく、物事は登る足場がなければ登れんのである。いくら近くであっても、足場がなければ登れんのである。では足場というのは何であるか。もちろん形のある足場ではない。心の足場、心の寄り所、すなわち信心、信仰が足場である。

神の心が分からん、分からんから神にもたれる心がない、もたれる心がないから、なんぼ結構なやしきの近くにいても帰りもせん、祀まつりもせんからたすけてもいただけんのである。この道は、遠くとも近くとも形の上の遠近はない、ただ一つおぢばにつなぐ心、教祖の親心にすがる心、それがたすかる綱である。教祖は子供のたすかるのを、一日も早く、大きな手を拡ひろげてお待ちくだされているのである。

ありがたいことではないか。

七ッ　なにかよろづのたすけあい
むねのうちよりしあんせよ

この世の中は、何事によらずことごとくたすけ合いから成っている。誰にも頼らぬ独り立ちといえば、ぢばの理だけである。「ぢば一つ理はひとり立ちできてあるのやで」、これがぢばの理おやしきの理、教祖の理、今でいうならば真柱の理である。「わたしや人間は連れて行くことはできても、中山五番屋敷はどうすることもできまいやろうがな、そこに大きな台を建てるのやで」、これまた中山五番屋敷なるおやしきの理、かんろだいの理の、いかんともすることのできないことを、子供によく分かるようにお聞かせくだされた教祖のお言葉である。

が、この世の中のあらゆるものは天地抱き合わせであるごとく、皆々が互いにたすけ合いのするように、できているのである。身上にしても、人のためによろこんでいただくよう、働かしてもらうように貸してくだされているのである。また世界の子供は、可愛い我（神）が子供と仰せくだされるのである。してみれば互いは兄弟である。兄弟ならば、互いにたすけ合(お)うて通らなければならんのである。このことをよく心に思案さしてもらわねばならんのである。

　人に手伝(てつど)うて貰(もら)わにゃならんようではいかん。手伝うという力持ってくれ。これが第一やで。

（明治35・7・20）

とおさしづにて仰せくだされるように、互いたすけ合いの世界であるから、人をたすけさしてもらうという心にならなければならんのである。

又一つ、これまで運ぶという、尽すという。運ぶ尽す中に、互い扶け合いという。互い扶け合いというは、これは諭す理。人を救ける心は真の誠一つの理で、救ける理が救かるという。

これはおさづけのおかきさげのお言葉である。このお言葉に「互い扶け合いという。互い扶け合いというは、これは諭す理」と仰せくだされるように、互いたすけ合いはお諭しをする理であって、これを行う時には、互いたすけ合いであるから、人をたすけさしてもらわなければならんのである。その理が誠一つの理で、たすける理がたすかるという、と仰せくだされるように、ご守護を頂く根本である。互いたすけ合いであるから、お前、私をたすけよ、私の荷物を持てというのではないのである。ここを間違わぬように、通らせてもらわねばならんのである。

八ッ　やまひのすつきりねはぬける
こゝろハだん／＼いさみくる

この世の中は、互いたすけ合いの世界である。病んでいる人もこれ皆わが兄弟である。この病んでいる人をたすけさしてもろうたら、またわが身の悪いんねんも切ってくだされる。互いたすけ合いを心に治めて、人をたすけさしていただくことさえできれば、わが身の病もない、不時災難もない、身の自由自在のご守護も頂くことができる。病の根を切っていただくことができる。この根を切っていただくことこそ、教祖の教えの根本である。お道のだめの教えであるゆえんである。

この病の根をすっきり切っていただいて、心の勇みこそ、親神様の人間に対するご理想である。こうして人間がこの境地にならしていただいた時こそ、これ親神様のご理想であるかんろだいの世界である。

九ッ　こゝはこのよのごくらくや　わしもはや〳〵まゐりたい

病の根を切っていただいて、心の陽気に勇んだ時、お道信心の境地であるところの、ここはこの世の極楽やと仰せくだされる世界になる。極楽世界は来生にあるのでない。この世、この世界にめいめい味わわしていただくことのできる世界である。人間の定命は百十五歳とお説きくだされている。それから先は心通りであると。神様のお話をわが心によく治めさしていただくことができるならば、このありがたい境地に出さしていただくこともできるのである。

人間身の内、なんの障りもなく日々は結構と使わしていただくことができて極楽である。日々は遊んでおって、うまい物を食べて、そこに極楽があるのではない。心が澄み切って、身の内のご守護を頂いて、身上がまめ息災に使わしていただいてこそ、そこに何物にも代えられない極楽のよろこびがある。身の内九つの道具を不足なく使わしていただいて極楽である。それがためには、八つのほこりもわが心から取り払わしてもらわねばならん。病の元は心から、とお教えくだされるのである。

十ド　このたびむねのうち すみきりましたがありがたい

ほこりが払われて、心澄みきるところにたすけていただけるこの道である。心を澄みきるといっても、われ一人人里離れた山の中に入って、心を澄みきるのではない。常に人の中にあって、しかも常に人を相手にして、わが心を磨く、わが心を澄まさしていただくのである。この心澄みきることを教えてくだされたのが、わが教祖の教えである。

教祖の澄みきった誠真実の心は、物に譬(たと)えていうならば、ちょうど深山(しんざん)の谷間からにじみ出てくる清水のようなものである。いくら干天(かんてん)が続いても、枯れもせん、濁りもせん、何の混じり気もない清水である。しかも流れてくる道中は、幾多の落葉も重なり、また堅い岩間の中を、にじみ出るように流れてくるのである。この道すがらがあって、あの真実の清い水が流れ出るのである。

われわれの人生も、楽々の中にこの道があると思うならば、これはとんでもない思い違いである。苦しみの中をよろこんで通らしていただくことができてこそ、道を通らしていただくことができるのである。ここにこそ心澄みきった、極楽の境地を味わわしていただくことができるのである。病の根もすっきり切っていただいて、心は段々と勇ましていただくばかりである。世界はみなわが心の中にある。澄む心、そこには極楽の世界となって映ってくるであろうし、濁る心、そこには地獄の世界の姿となって映ってくるのである。

心の道、心澄みきる道、これが教祖のお教えくだされた道である。ありがたいことである。

（昭和二七、九、一〇）

五下り目

五下り目の肝心なことは、このおやしきなるぢばこそは、人間をお創めくだされたおやしきである。この証拠にをびや許しを出す、ほうそのせぬようにほうそまもりを出す。人間をこしらえた元のぢば、元の親の留まる親里であるから、人間身上事情については、不思議な珍しいおたすけもするのである。というようなことについて、お諭しくだされているのであります。

一ッ　ひろいせかいのうちなれバ
　　　たすけるところがまゝあらう

広い世界のことであるから、参り場所も、たすけ場所も、また医者薬、その他いろいろのことや、所もあろう。が、これとてもその時代、子供の成人のその時代に応じて、いろいろ出してあるものであって、いずれはこの神様のお造りになったものである。が、これでは十分におたすけもご守護も頂けないものがある。それを教えてくだされたのが、教祖からお聞かせくだされたこの道である。すなわちだめの教えである、この天理の道である。

前にも申しましたように、私の祖母であるおきく祖母が、初めてこの道を聞かしていただかれましたその時のおやしきへの初参りの時、教祖が祖母に、

「あんた、あっちこっちと、えらい遠回りをしてお出でたなあ、ここへお出でになったら、みなおいでになるのに」

といって、お笑いになった。

この話を聞かしていただかれて、ほんになるほど、これこそが元の親や、教祖やと感じさしていただいて、この道信心を始めさしていただかれたのであった。

実にこのお言葉のように、あちこちと参り場所もいろいろにあることではありますが、このおやしきこそが元の親神様のおいでになるおやしきである。この人間を造ってくだされた親神様なる故に、いかなる人間身上、事情一切についても、そのご守護を下されるのであります。

二ッ　ふしぎなたすけハこのところ　おびやはうそのゆるしだす

人間をおこしらえくだされた親神様である。そのおやしきであるが故に、その証拠としてをびや許しをお出しくだされるのである。またほうそまもりもお出しくだされるのである。

この許しというものは、このこしらえた元の親神様でなければ許しは出せんものである。この許しを頂いた以上は、なんの心配もない。許されるそのままに仰せを守ったならば、あざやかに護っていただくことができるのである。

　ここでをびや許しをお出しくだされるについては、まずわが身にをびやの試しにおかかりになったのであります。それは天保十二年の教祖四十四歳の時でありました。教祖ご妊娠七カ月の時でありました。「今日はどこへも行くのやない」ということで、教祖にはお出ましにならなかった。その夜のこと、教祖がすやすやと寝んでおいでになると、「出る出る」というお言葉であった。妊娠しておられるので、お産であるとその用意をされていると、ザブザブとご流産をなされました。その後頭痛をされたのでありましたが、翌朝になってご自分にて汚物を三度も水にてお洗いになって、ご自分にてその汚物を竿に三、四本もお干しになりました。頭痛も同時によくなられた、そして平常の通りであらせられたのでありました。こうして教祖ご自身からをびやの試しにかかられたのでありました。

　その後、嘉永七年十一月五日、亀蔵様のご出産の時のことである。教祖五十七歳の時であった。櫟本の梶本惣治郎様の所へ嫁いでおられる、教祖の娘様のおはる様がこの亀蔵様をご出産なされる時である。このをびやのお許しを頂いて、おやしきにお帰りになって、ご出産をなされました。ちょうどこの時大地震でありました。産室の壁が落ちたという騒ぎの中に、ご安産をなされたのであった。

　これがご親族においてお試しをせられました初めであった。この時おやしきの前に住まっておられる清水惣助の妻ゆきが、おやしきに来て、このおはる様のお産をなされた様子を見られた。昨日お産をせられたようにも見えない。そこで、私でもお産をする時にはこの安産のお許しを頂けますかと言われると、このお許しを頂くならば誰でも同じことや、と聞かしていただいて、安政四年（教祖六十歳）の年、お許しを貰ってお産をせられたのである。ところがお許しを頂きながらそれを疑われたので、産後は三十日ほども病まれたのである。そこで教祖は、その不心得をお諭しになりました。そして、後々その病後をお見舞いになって、お世話をなされたのである。これはせっかくをびや安産のお許しを頂かれましても、疑われたがためにこうしたことになった試しである。

後日その妻のゆきが再び妊娠をせられました時、をびやのお許しを頂いて、今度は安産をさしていただかれました。これが世界におけるをびや安産の試しでありました。

こうしたように、をびや安産の許しさえ頂くならば、昨日までいかなる悪いんねん、悪人であっても、お許しを頂いて、仰せをそのままハイと守るならば、安産許しを下されるのである。

をびやについてのおさしづの刻限を左に引用さしていただきますと、

明治二十年二月二十五日　午後七時

第一をびやたすけ、さあ三日目三粒を三つ、三三九つを百層倍。これをかんろうだいへ供え、本づとめをして、元のぢばなる事を伝え、をびや許しを出す。

と仰せくだされている。をびやたすけこそ、お道における第一のたすけである。このお許しを頂くならば、三日目から外へ出るようとのご守護を下されるのである。この御供は、三つまみを入れられて、三袋を頂くのである。それで三三九つとなってをびやの苦がなくなる。この百人分の御供をかんろだいにて、をびやづとめを勤めくだされる、その御供をお許しの御供としてお下げくだされる。その時に、元のぢばや親里や、人間をこしらえくだされた元の親神様であることをしっかり伝えてお渡しくだされるのであると、こう仰せくだされている。これがただいまのをびや許しの御供の渡し方である。

この三包みの御供を下されるが、最初の一つは頂いたならば家に帰って早速頂く、胎内の子供の育ちのよいように、またそれを預かっている母親の体内もまめ息災に身二つにしていただくようにと頂く。あと二つの一つは、いよいよこれが産の気であるということが分かったならば、願いの時間を切ってお願いをして、それを頂く、これは早めの御供と仰せくだされる。お産が済んで後の片付けもすっかり終わったならば、その後で頂く三番目の御供、これは治め清めの御供である。治め清めの御供を頂いたならば、平常の通りとおっしゃる。高枕、腹帯、もたれもの、食物の養生もいらん。ところがこれを疑うて、腹帯をせないまでも腰巻きの紐でも強くするという心はいかん。高枕をせないまでも、枕の下に座布団一枚でも置くというその心は許しを疑う人間心や、これはいかんとおっしゃる。仰せをそのまま守らしてもらうので、ご守護してくだされるのである。

世界でいうならば、をびや中七十五日は、七十五日間かかって国々にお産み下ろしくだされた親のご恩を忘れないように、七十五日のその不自由もせねばならんのであるが、この道聞かしていただいて、このおやしきからお許しの御供さえ頂くならば、これも許しくだされるのである。

次にほうそまもりのことを仰せくだされてあるので、ここにおまもりのことについて話しておきます。

おやしきからお下げくだされるおまもりには、悪難よけのまもりとほうそまもりとの二つがある。悪難よけのまもりというのは大人が頂くまもりであり、ほうそまもりというのは、子供（十五歳までの）が疱瘡（ほうそう）せぬようと下される子供のおまもりであります。

このおまもりを頂くためには、本人がおやしきに帰らせていただくのでなければ、頂けないのである。人にことづけて、貰ってきてもらうというようには、いかないのであります。もっとも子供十五歳までは親々の心が子供に現れるというところから、本人の親がおやしきに帰らせていただいて、頂くことができるのであります。そしておまもりの理をしっかり聞かしていただいて、わが子供が一人前に成人して、よく話も分かるようになったら、そのまもりの理を聞かしてやらねばならんのである。

この下さるおまもりは、教祖のお召し物である赤衣（あかき）様をもって、おまもりとしてお下げくだされるのであります。道の子供がおやしきに帰らせていただいたその証拠として、下されるのである。頂いたならば、その時からわが身につけさしていただくということが、肝心なことである。頂いて、これは結構なものやといって、つけずにしまっておくまもりではないのであります。身につけておくから教祖が護ってくだされる。また教祖にいつも護っていただくためには、いつも教祖の仰せをわが心にしっかり守り、真実をわが心にかけて通らせていただかなくてはならんのであります。心のまもり身のまもりとも仰せくだされるのであります。でありますから、形は物であっても物ではない、わが心にかける、心に守るまもりであります。従って人に与える、貰うてもらうということはもちろんできないのであります。なくしたからもう一度貰うということもできないのであります。月日様のご守護は、お互いとは離れられないものであり、そこには紙一枚の隔てがあってもご守護の頂けないごとく、教祖の親心とお互い子供の間には、これまた親子の中には隔て心のないのが親心と仰せくだされるように、切っても切れない直接のつながりが教祖とお互い人間とのつながりであります。

こうした切っても切れない教祖のおられるおやしきであり、この教祖のたすけてやりたいとの親心のこもったをびや許しであり、悪難よけのまもり、ほうそまもりでありますから、不思議なるご守護も下されるのであります。この不思議なるものを下されるおやしきであります。すなわち人間元々おこしらえくだされた月日親神様のおられるおやしきなるが故である。その人間をおこしらえくだされた証拠に、をびや安産お許しの御供、疱瘡せぬようのほうそまもりをお出しくだされるのであります。

これ実に不思議、珍しいおやしきである。世界に二つ所とない、ありがたい結構なる元のやしきであります。

三ッ　みづとかみとはおなじこと　こゝろのよごれをあらひきる

水でものをきれいに洗う。親神様のお話を聞かしていただいて、人間心の心のよごれをきれいに洗わしていただくことができる。水の心は素直な心、水はその器によっては、いかようにもその形は変わるものである。これ水の心である。教祖のお心は月日のお心である。すなわち水のような心、日様のような温かな親心、これが教祖のお心である。このいかなるものにでも合わされる教祖のお心、いかなる悪人であってもそれを生かしてたすけてやりたい親心なるが故に、一度教祖にお会い申し上げたならば、いかなる者でも善人に立ち返らせていただくことができるのである。

また、お互いがたすけていただくことのできるというのは、水のような心、すなわち素直、正直にならしていただいて、これでたすけていただくこともできるのであります。

四ッ　よくのないものなけれども　かみのまへにハよくはない

神の道と仰せくだされますが、これはよく分かりやすく仰せくだされるのであって、この世の中は、月日抱き合わせの世界である。その中にお互いは出していただいているのである。前もない、横もない、月日ご守護の懐の中に出していただいているのである。であるから実に神一条の世界である。神一条の世界である以上は、人間心があってはならない。欲の心、ここから神様に受け取ってもらえない人間心も起こるのである。神にもたれて初めて欲もなくなる、人間心もなくなるのである。あらゆる悪、あらゆる人間のほこりも、欲が元である。欲さえなければ悪心も起こらない、悪人もできない。

人間は、月日二柱の心さえ、しっかり掴(つか)ましていただくことができるなら、初めて欲から離れることができる。月日のお心とは人間を育ててやりたい、たすけてやりたいとの親心である。この親心さえ、しっかり掴ましていただくことができるならば、先案じの人間心も起こらない、欲の心も湧(わ)いてこないのである。月日抱き合わせのご守護の中に出していただいているのであるということこそ、わが心にしっかり掴ましていただかねばならぬ。これが道の通り方である。ここにたすかる道があるのであります。

五ッ　いつまでしん〳〵したとても
やうきづくめであるほどに

このお道を信心さしていただいております以上は、いかなる場合、何時であっても、陽気でなければならんのである。この神様を信心さしていただきながら、心に案じ心を持ったり、心にくよくよして、心を腐らかしたりしているようなことでは、申し訳ないことである。それではこの神様を本当に信心さしていただいているとはいえないのである。

この道を信心さしていただくのは、日々の生活を結構とよろこばしていただいて通るところにある。そのよろこびをわが心に味わわしてやりたいため、教祖はあのご苦労の中、心勇んでお通りくだされて、後につづくいんねん深い子供たちに、よろこびをもって、心勇んで通るようにお教えくだされたのである。

はあ結構やなぁ、一日の日楽しめば、あちらへ行きこちらへ行き、陽気遊びするも同じ事。心妬み合いするは、煩うて居るも同じ事。（明治35・3・14）

のおさしづのお言葉のごとく、心に結構とよろこばしていただいて、通るところに、陽気がある。これがお道信仰さしていただいている者の心の持ちようであり、ここにたすけていただく陽気がある。であるから、陽気は形にあるのでない、みなめいめいのわが心の内にあるのである。であるから、

さあ〳〵陽気遊びというは、よう聞き分け。陽気遊びと言えば、今日もあちらへ遊び行く、何を見に行く。陽気遊びとは、目に見えたる事とはころっと格段が違うで。（明治23・6・20）

と仰せくだされるように、いわゆる世界の陽気とは違うのである。こうした形の陽気は、いつまで信心しても、これは望めない。これを望むならば、これお道を信心しているとはいえないのである。

今の道互いの道。辛い者もあれば、陽気な者もある。神が連れて通る陽気と、めん〳〵勝手の陽気とある。勝手の陽気は通るに通れん。陽気というは、皆んな勇ましてこそ、真の陽気という。めん〳〵楽しんで、後々の者苦しますようでは、ほんとの陽気とは言えん。めんめん勝手の陽気

は、生涯通れると思たら違うで。

（明治30・12・11）

と仰せくだされるように、わが身さえよくば、わが身さえ十分であったらよいというような、そんな生活は決してお道のたすけていただく陽気ではないのである。

この道信心さしていただいている以上は、場所、時、形はなんであっても、心に結構と味わわしていただく時、ここにこそ陽気がある。これがこの道の信心の生活である。ここにこそたすけていただく生活があるのであります。

六ッ　むごいこゝろをうちわすれ　やさしきこゝろになりてこい

人間心、これはむごい心である。このむごい人間心を捨てて優しき心になれと仰せくだされるのである。

この道を信心さしていただいて、心に結構や結構やとよろこびいっぱいに溢（あふ）れた時、誰かむごい心のあり得ようか。心はおのずから、和（なご）やか優しき心に満ち溢れるのである。心に不足があっては、人にも満足を与えられない。わが心がよろこびに満ち、結構とよろこばしていただいてこそ、人にも結構とよろこんでいただけるのであります。

七ッ　なんでもなんぎハさゝぬぞへ　たすけいちじよのこのところ

どんなことがあっても、どんな場合であっても、苦しめよう、難儀さそうというようなことは、滅多にないのである。元々人間をお造りくだされた親神様の思わくは、人間というものをこしらえて、人間の陽気遊山に楽しく暮らすのを見て、月日親共に楽しく暮らしたいというのが、元々人間をお造りくだされた親神様の思わくであった。であるが故に、今日も月日様の思わくにて「体内へ宿し込むのも月日なり」と仰せくださるように、この思わくにてこの世の中に身上を貸してお出しくだされるというのも、たすけてやりたいとの親心なるが故に、月日抱き合わせの親の温かな懐住まいをさしていただいているのである。そのご守護くださる、親神様のおいでになるおやしきである。

このおやしきなる、親神様に心から素直、正直にただハイと仰せのままにすがらしていただいてこそ、たすけていただけるのである。人間心は禁物である。親神様の親心に抱かれるよう、すっかりもたれ切らしていただくよりほかにない。そこには案じもない。案じ心もなければ、またそれが何よりもたすけていただいた証拠である。

八ッ　やまとばかりやないほどに
くに〳〵までへもたすけゆく

このご守護くださる元のやしき、たすけ一条の親神様のおいでになるこのおやしきである。このたすけ一条のおたすけは、決してこのおやしきだけではない、国々までへも親神様がお出張り（でば）くだされて、おたすけくだされるのである。

ぢばの理はどこへも動かん、動かすこともできん。が、ご守護くだされるその理は、所々へお出張りくだされるその理によって、おたすけとなって現れるのである。このご守護は庄屋敷（しょやしき）ばかりではない、大和（やまと）ばかりではない、日本ばかりではない。世界中隅から隅まで行き渡らぬ所のないように、ご守護、おたすけとなって世界中に現れるのである。これこの世界は、天は月様、地は日様と仰せくだされるように、世界中親神様のご守護くださる懐住まいである。これ当然の理である。実にありがたいお道である。ありがたいこの世界に出していただいているのであります。

九ッ　こゝはこのよのもとのぢば
めづらしところがあらはれた

このおやしきこそ、ない人間ない世界をお造りくだされた元のおやしきであり、元の親神様のおいでになる所である。であるなればこそ、ほかではたすからん、ほかでは解決のつかん身上事情もおたすけくだされる。実に珍しい所である。人間力でどうすることもできぬところをたすけていただいてこそ、珍しいおたすけ、不思議なご守護である。世界にいてどうすることもできない、その難儀困っている可愛い子供の帰るのを教祖はお待ちくだされている。その珍しいおやしきである。

その珍しいおやしきこそが庄屋敷の中山五番屋敷である。そこで人間をおこしらえくだされたのである。そのおやしきのしんはここであるとはっきりお定めくだされたのが、明治八年五月二十六日のいわゆるぢば定めの日であった。

その前夜教祖にはまずおやしきをお歩きになって、教祖のお足の吸い着いた所、そこの地点をまずご自分にてお定め置きくだされた。そして翌日のこと、こかん様をはじめその他の方々に、それぞれその地点をお歩かせになったのである。そしてその人の足の吸い着いた所、そこがぢばのしんやと、こうお定めくだされたのであった。これがぢば定めである。

ここはこの世の元、根源である。この世の元、根源はただ一つである。すなわち「ぢば一つ理はひとりだちできてあるのやで」と仰せくだされるごとく、この世の中に、他のなにものにも頼らない独り立ちにできてあるものは、実にこの世の元と仰せくだされるこのぢばの理よりほかにないのである。これが元のご守護の親である。このご守護によってこそ万物の生命も与えられているのである。月日様である、水と温みとである。この理を形にお見せいただいているのが神のやしろなる教祖である。

このご守護となって現れるありさま、実に人間の力にてはかり知ることのできない不思議であり、珍しいご守護であります。

どうでもしん／＼するならバ
かうをむすぼやないかいな

講というのは、この道信心している者が相集って結び合っている所、そしてそこに親神様のご出張を頂いている所、それが講である。ぢばより親神様がお出張りくだされているなればこそ、珍しいおたすけも下される。

これは元治元年のころのことでありますが、七条村にて講を結ばしていただいて、伊三郎父は、まだ年も若かったのであるが、講元をさしていただいておられた。そして講づとめをさしていただかれると、お下げいただいているめどうの親神様の御幣（ごへい）が羽根の広がったように広がって、いかにもお勇みの様子をありありとお見せいただいたのや、とも聞かしていただいておる。これを思う時、どうでも信心をさしていただくからには講を結ぼやないかいなあと仰せくだされるお心も、よく分からせていただくこともできるのである。

かくして親神様のお出張りくだされる、いわゆるたすけの道場ともお聞かせくだされる名称の理の、国々所々に、村から村へとあます所もないまでにこの道の広まった時、これ親神様のご守護の体内住まいであり、世界をろくぢに踏みならしくだされたお道の姿でもある。これをお待ち兼ねくだされているのである。これが親神様の思わくであるから、つけかけた道だから必ずつけずにはおかん、と仰せくだされるように、さあといったならば、焔硝(えんしょう)倉に火のついたように、世界に一度でこの道つけんこともないが、それでは皆の楽しみがない、徳がない、効能の理がない、と仰せくだされるのである。この親神様の思わくの世界に一日も早くならせていただくように、しっかり働かせていただくということが、これが肝心なのであり、これをこそ楽しみとして、親神様は子供の出世をお待ちかねくだされているのである。しっかり道のために励ましてもらわねばならんのであります。

(昭和二七、一〇、一〇)

六下り目

本下り目は、人間心は疑い深いものであることをお諭しくだされて、この疑い深い心がほこりの心であり、これがたすからないいんねんを積む心である。この道を信心さしていただくのは、この心の入れ替えをさしていただくのであって、ここにたすけていただく道があるのである。いわゆる、汚れておる黒い心の目を洗(あろ)うて、心の澄んだ美しい心の目に入れ替えさしていただくためのお道信心である。このたすかる道を教えてくだされるお道である。これをお諭しくだされた教祖(おやさま)の教えである。こういう心の道、胸の道をお説きくだされておるのであります。この澄み切った心こそおさづけを戴(いただ)かしていただくその心であり、たすけていただくことのできる心であります。

また、かぐらづとめやてをどりの、末では珍しいおたすけを下されることをもお諭しくだされております。

一ッ　ひとのこゝろといふものハ　うたがひぶかいものなるぞ

いわゆる、人間の心というものは、疑い深いものである。この道を信心さしていただいて、この疑い深い心も取り去らしていただくことができるのである。

この世界は一つでありますが、次のような相反した二つの見方がある。

　人を見たならば泥棒と思え
　渡る世間に鬼はない

これは相反した見方でありますが、どうしたところからこうした二つの見分けが世界に見えるのであろうか。これはいうまでもなく、信仰の有る無いが、こうしたものに見えるのである。信仰のありがたみがここにあると思う。心澄み切れ極楽やとも仰せいただいております。

一体お道信心の心のあり方というのは、どこにあるのであろうか。教祖の仰せを、そのままハイと受けて通るところにお道通らしていただいておる結構があり、たすけていただけるものがある。これは高井猶吉先生から聞かしていただいたお話であります。先生が最初おやしきに勤めておられた時のことでありますが、その当時おやしきが、信者参拝の口実として宿屋のようなことをしていた時のことである。教祖が高井先生に「今夜私のところへお出でや」と仰せになっておられました。ところが、その夜参拝者がいつもよりも多くて、その泊まっておられる方々に食事をさせることで大変に忙しかった。それで、その用事のために夜もおそくになったのであります。それでその翌晩、先生が教祖のところへ出られまして、昨夜はこれこれのために出さしていただくことができませんでした。それで今晩出さしていただきました、と申されました。教祖には、大変におよろこびになって、

「素直、正直は人が好く。人が好くなら神も好く」

と仰せくだされまして、大層およろこびになり、ご満足くだされたとのことである。教祖におよろこびいただくならば、ここに受け取っていただくこともできて、これがたすけていただくことのできる元であります。

この道の心構えは、大小にかかわらず、仰せくだされることをただハイと受けてそのまま通らせていただくところに、たすけていただくことができるのである。あんなこと、あんなぐらいのことがと、心に横着をきめてかかるからすぐに忘れて、することもしないで通ってしまうのである。それがたすからん元であります。なんであろうが、そのままハイと飲み込んで通るところに、ちょうど乳飲み児が母の乳首を口に入れられるままにそれを飲んでいるならば、その子供の成人があるごとく、そのまま受けて通らしていただくところにたすけていただくものがあるのであります。

誠に申し訳もないことではありましたが、教祖のご一生涯は、教祖の仰せを疑って、狐憑きであるというて人から笑われ、そしられてお通りくだされたのであった。その中、教祖こそわれわれ人間の

親である、この仰せを受けて通ってくだされた方々こそたすけていただいて、今日までこの道に結構に連れて通らせていただくことができておるのである。あの当時笑った人、そしった人は、雨垂れの落ちるような近くにおいていただいていながら、いまだこの道の結構なことが分からずに、たすけ上げていただけない不幸な人である。実に疑う心、それはたすからん心である。

人間の魂というものは、元々人間をおこしらえくだされました時にはほこりの付いてない、澄んだ美しい魂であった。泥海の中にどぢよがいた、それを人間の魂とせられた。すなわち、ぎ、み様を男女の雛型(ひながた)として、それに月よみ様、くにさづち様を男女の道具として、月日様のお心をそれぞれにお宿し込みになって、人間をお造りくだされます時に、泥の中にいた九億九万九千九百九十九筋のどぢよを月日様がそれぞれにお飲み込みになった。こうしてお産みくだされた人間であるから、産み下ろしくだされたその時の人間の魂というものは、実に清らかなものである。ちょうど、どぢよが泥海世界にあっても泥がつかないように、実に美しいものであったのやと、こうお聞かせくだされるのである。

こうした人間の美しい魂であったのであるが、ああしたい、こうしたいというように心の自由を与えられ、許されておったがために、人間の心も次第に汚れ濁って、今日のようなほこりの心になったのである。このほこりで濁った心を入れ替えて、澄んだ元の心に立ち返らしていただくことの教えが、この教祖からお聞かせくだされた教えである。

この教えを疑わずに、ハイと受け入れさしていただくところ、心澄みきれ極楽やと仰せくだされる、そのありがたい世界に出していただくこともできるのである。

これは、私が十数年前にある教会に巡教さしていただいた時に、教会の老役員から聞かしていただいた話である。というのは、

「私（老役員）がまだ年の若い時分に、おやしきに帰らせていただきまして、お宅の伊三郎先生を訪ねさしていただいて『お道の極意は何ですか』といってお尋ねした。すると先生は考え込んでおられたが、その後こうお話しくだされた。『私は教祖にいろいろのお話を聞かしていただきました。また分からんことについて、いろいろと尋ねさしてもいただきましたが、お道の極意は何であるかということについてはお尋ねしなかった。しかし、私のような百姓あがりの学問もない者ではあるが、ただ教祖のおっしゃることを、正直に、精一杯守らしていただいて通らしていただきました。だからその時分は、人に笑われるような貧のどん底にも落ちましたが、今日は、私のような者ではありますが、遠方から先生先生といって訪ねてきてくだされる。聞くところによると、あんたも兵庫県からわざわざ先生といって来てくだされる、こんな結構な身分にならしていただくことができた』と、誠にしんみりとお話しくだされた。これを聞かしていただいて、お道の通り方はここにある、これがたすかる道であると悟らしていただいて、わが村に帰ってくるなり先生の仰せくだされた教祖の教えをそのまま精一杯に通らしていただきました。そのために村の人たちからは、物財をなくして困っている私の

生活を笑われて通りましたが、さて今その当時の時分を振り返ってみまするのに、その時に笑ってい た金持ちや物持ちの家は跡形もなくどこかへ消えてしまってはいますが、その当時人から笑われた私 が、ちょうど先生をお訪ねした時の先生のような身分にならしていただいて、人から先生といわれる ようになりました。こんなありがたいことはありません」

と聞かしていただきました。

道の通り方、心構えは、実にただ、教祖の仰せをハイと疑わずにそのまま受けて通らせていただく よりほかにない。これが道であります。これがたすかる道であります。

二ッ ふしぎなたすけをするからに いかなることもみさだめる

この道はだめの教えである。であるから、あちらでもたすからない、こちらでもたすけていただけ ないという、それをたすけてくださる不思議なたすけを下さるところである。

この道は、心通りにみな現れるのである。いんねん通りにみな現れるのである。心にのって働いて くだされるのである。いかなることも、つくしたこと、働いたことは、みな受け取ってくだされるの である。これほど安心な道はない。わが身のつくした、働いた実績通りにご守護を見せてくだされる のである。

不思議は神と仰せくだされる。人間の力でどうにもならんところをたすけてくだされるのが神様である。不思議が神であるごとく、不思議なるご守護を頂くためには、どうでも神一条でなければならん。

神一条で通らせていただくためには、人から見られては笑われる、あるいはそしられるというようなことを気にしているようなことでは、この道は通していただけない。人間並みの道を通らしていただいて、不思議は願えない。普通人間心の道を通っていて、神の特別のご守護はない。

この道は不思議な道である。教祖のお通りくだされた道すがらは、人間心では実に不思議、珍しいと申し上げるよりほかにない、その道すがらであった。われわれの道も、これを雛型として通らせてもらわねばならん。すっかり人間心を捨てて、神一条なる心で通らせてもらわねばならん。ここに受け取ってもらうことのできるものがあります。

なんでもかでも、みなそれぞれ見抜き見通しであらせられるのである。こんな安心なことはないのであります。

三ッ　みなせかいのむねのうち

かゞみのごとくにうつるなり

澄んだ心の鏡には、見抜き見通しにみな映るのである。教祖のお心には世界のことがみな映った。

今生だけではない。前生には誰であったと、前生のことまでお聞かせくだされた。

この世の中は、天は月様、地は日様の、この天地抱き合わせの世界、この親の懐住まいをさせていただいておる人間である。人間世界の中に神様がおられるのではない。神様の懐住まいをさしていただいておる人間である。であるから、いかなる所にいようと、表もない陰もないのである。何一つ映らぬものとてはないのである。

ところで人間の鏡には、目に見える形しか映らないのであるが、月日親神様のお心には、人間の心そのままが映るのである。善きにつけ、悪しきにつけ、みな映るのである。であるから、これほど楽しみはない。善悪みなそのまま、心通りに映るのである。だから天理に適う心でさえ通っておるならば、これほど心配のない、安心な世界はないのである。

さあ頼もしい〳〵心供えば受け取る〳〵。泣く〳〵するようでは神が受け取れん。百万の物持って来るよりも、一厘の心受け取る。（明治35・7・20）

人間心は形にとらわれるが、親神様はその運ぶ心をお受け取りくだされるのである。形を受け取りくだされるのではない。親を思うて運んでくるその子供の心をお受け取りくだされるのである。だから、心にもないものを持ってくるよりは、たとえ小さくとも運んでくる心を待っているのであるから、一厘の心さえ受け取ると仰せくだされているのである。

だから、心にもない形だけのことは、神様はお受け取りにならぬ。「うそとついしよこれきらい」

とも仰せくだされる。

嘘に旨いものありゃせん〳〵。嘘程恐ろしいものは無い。なれど、真実程結構は無い。

（明治33・9・9）

と仰せくだされている。

教祖のところへ物を持ってくるのに、その人が高慢の心をもって持ってくると、「せっかく持ってきてくれて、それを頂いてもちょっとも味がない」と教祖が仰せになったとのことである。

前のおさしづのお言葉も同じである。嘘に旨いものはない、しかも嘘ほど恐ろしいものはないとさえ仰せくだされておる。ちょっとした嘘であっても、その嘘からどんなに大きな間違いが起こってくるかしれないのである。それと反対に、心の真実をもってしたことであるならば、そこには必ず、その結果は結構なご守護となって現れるものである。

表面だけの形のものは、いつとはなしに、剥げてしまうものであるが、真実はいつまでたっても剥げるものではない。

追しょうは嘘になる。嘘に追しょうは大ぼこりの台。

（明治31・5・9）

ともおさしづに仰せくだされている。

教祖のおやしきへお餅を持ってこられた信者があった。教祖にお上げ申すと、お受け取りにならん。気の毒な、というてお受け取りくださらない。そこで取次の先生が、その信者に、このお餅持ってこられるについて、何かあったのではないのですか、と尋ねられた。すると、実は家で、このお餅を持ってくるについては、三升餅にしよう、いやそれでは多い、二升餅にしようというように、いろいろと言い事がありまして、そして持ってきたお餅です。と恐縮していわれたとのことであります。見抜き見通しの教祖には、その心がよく映っておるのであります。

するとまたある日のこと、遠方から赤御飯を教祖に上がっていただきたいと、はるばる持ってこられたのでした。するとその赤飯が、夏のことであって、途中で腐ってしまったのですが、信者がせっかく持って来られた赤御飯でありますから、教祖の前にお出しになった。すると教祖は大変およろこびになって一箸その赤御飯をお上がりになった。腐っておる赤御飯のことであるので、口にもっていかれるのに、筋が引いておる。その赤御飯を、まず教祖がよろこんでお上がりになり、その後の重箱の赤御飯に、わが息を三べん、はあーとおかけになりました。そして「さあみんなでおいしく頂きなさいや」といって、お下げくだされました。はたはたの方がそれをお下げいただいて、頂かれると、その腐っていた赤御飯が元のように、ふき直したように、よくなっていたという話である。

これが教祖の親心である。腐っているからお受け取りにならないのではない、子供が親を思って持ってくる心は真実、その心をよろこんでお受け取りくだされるのである。お生かしになった理が生きるのであります。

世上の道はどんな事して居ても、目にさえ見えねば通りて行ける。なれど胸の道は、皆身に掛か

（明治24・1・27）

る。道に二つある、

とおさしづに仰せくだされるように、人間心の道には、その前さえ見えなければ、それで通れるのであるが、心を受け取ってくだされるこのお道からいうならば、善いこと悪いことみなお知らせくだされるのである。そこに身上は神様のかしものである、心通りに身上貸すとお聞かせくだされるのである。であるから、たとえ身上を頂いても、わが心をしっかり思案していただいて、心の入れ替えをさしていただくところに「心の入れ替え身の立て替え」と仰せくだされるように、ご守護も頂く楽しい道である。

（明治33・5・19）

身上案じる事要らん。身上治まるは、心が治まれば身上治まる。

ともおさしづにお聞かせくだされるのである。

何もかも、善も悪も、心通り映ると仰せくだされる、月日抱き合わせの天理の世界に出していただいておるのである。こんな結構なことはないのである。この世の中は実や、実や、実力やで、とも仰せくだされるのであります。

四ッ　ようこそつとめについてきた　これがたすけのもとだてや

今日でこそ、おつとめも何の心がかりもなく勤めさしていただくことができるのではありますが、ご在世当時には、なかなかこれは容易ならぬことであったのである。おつとめについては、教祖のおかくれになるその間際まで、お急き込みになっておられるあのおさしづで分からしていただくように、なかなか並大抵のご苦心ではなかったのである。それで、そのかぐらづとめをやかましく干渉するその中を切り抜けるために、太神楽の鑑札を貰ってまでなさったというような、今から考えるならば笑い話ではありますが、村田長平先生、村田幸助先生の兄弟が、骨を折られたというような、話さえものこっているのである。なかなか、かぐらづとめというものは、当時は易々とはできなかったのである。

こうした当時の事情を思案さしていただく時、私の子どものころに、本席様が、太神楽が来ると、必ず庭にムシロを敷いて、神楽をさしておられた。また私の伊三郎父も、神楽が来ると過分のお金を与えて家の前で舞わして、それを見ながら、実に嬉しそうにしておられたその気持ちが、今になってよく分からせていただくことができて、ほろりとするものがあるのであります。

かぐらのつとめであると共に、このつとめを広くとって身のつとめが、これがたすけの元となるのである、とも悟らしてもらわねばならんのである。

勤めが第一身の勤め、……心の勤め身の勤め、　（明治21・8・31）

と仰せくだされるように、身のつとめは、実に肝心なのである。ところでその身のつとめも、心の添わない身のつとめではなんにもならないのである。身も心も一つになった、わが身わが心の勝手をおさえて、心の真実からのつとめこそ、お受け取りくだされるつとめである。かぐらづとめの心、それは陽気である。わが心、わが身の勝手をすてて親神様に勤めさしていただくその心、これもまた陽気でなければならんのである。ここに親神様によろこんでいただく、受け取っていただくことのできる心がある。これがご守護くだされる元であります。

五ッ　いつもかぐらやてをどりや　すゑではめづらしたすけする

このかぐらづとめにこそ、不思議なるご守護を下されるのである。なんであんなかぐらづとめ、と思う人もあるであろうが、これを勤めさしていただくところに不思議なる、人間心では考えられないご守護を見せてくだされるのである。

ここにこそ、ほかでは見られない珍しい不思議なるものがある。かぐらづとめは、ない人間ない世界をお造りくだされたその理を、おつとめにてお現しくだされてあるのである。

お道の分からぬ人間にとっては、この世人間始まりの元の話は不思議なお話である。この理をお現しになっているかぐらづとめも、やはり不思議なるものであるであろうが、そこには不思議なる、珍しいご守護の下されることも事実である。

お道が人から見て変わっておると見られるならば、こうしたおつとめをすることこそ、人から不思議、珍しい変なことをすると思われるのであろうと思う。

いつもわらはれそしられて
めづらしたすけをするほどに

と仰せくだされるごとく、人から珍しく変な思いで見られるこのかぐらづとめこそ、末では珍しいご守護を下されるものである。お道はだめの教えである。ほかでは見られない、珍しい教えである。かぐらづとめこそ、ほかでは見られない珍しいものであるだけに、珍しいご守護を見せてくだされるありがたいものであります。

六ッ　むしやうやたらにねがひでる
うけとるすぢもせんすぢや

人間というものは、わが身の上から考えて、みなそれぞれわが身の都合のよいように願うものである。と共にお受け取りくだされる神様の方にも、それぞれその人、その人によって、受け取っていただく筋は千筋に違っているのである。十人十色、百人百色に、その人の心通りに、みな違うのである。ただ願い出たから受け取ってくだされるのではない。その願いの筋、その願い人の心を見てお受け取りくだされるのである。

善は善、悪は悪と、その心通りである。願ったからよいのでない。その人々によって、千筋に違うのである。この神様は、単に願ったからというように、拝み祈祷(きとう)によってたすけていただく教えではない。心の入れ替え身の立て替え、とお聞かせくだされるように、心を受け取っていただくことのできる種である。心の道、胸の道でこそあるのである。

七ッ　なんぼしん〴〵したとても
こゝろえちがひはならんぞへ

この道は形の信心ではない。いくら前々から、親の代から信心しておるからといって、必ずしもたすかる保証にはならんのである。形、看板でたすかる道ではないのである。天理に適わぬ心得違いでは、たすからんのである。天理を踏みはずしたその心では、ご守護は下さらんのである。

昨日まで信心していたから、今日たすかるとは限らない。今日の心得違いのないように、しっかり信心さしていただくことが肝心であります。

八ッ　やつぱりしん〴〵せにやならん
こゝろえちがひはでなほしや

親の代からこの道信心をさしてもらってきた、引き続いて今日もやっぱり信心さしてもらわねばならん。天理に適わぬ心得違いでは、身上を返さにゃならんのである。長らく道を信心して通らしてもらってきたが、今日の心得違いではなんにもならん。

月日抱き合わせの天理の世界に出していただいて、天理が分からないで、月日のご守護を貸してくだされているのも分からないで、通っておるようなことでは、天理の世界においていただくことはできないのである。天理の世界においていただけねば、身上出直しさしていただくよりほかにない。この世の中は「天という、天の理のかからんところはない」と仰せくだされている。天理の網の中にある人間である。この網を破ったならば、天理の世界の外に出るよりほかはない。身上出直しさしていただくよりほかないのであります。

九ッ　こゝまでしん〳〵してからハ
ひとつのかうをもみにやならぬ

信心さしていただく限りにおいては、それだけの効も見せてもらわねばならんのである。この道信心さしていただく限りにおいては、心の入れ替えもさしていただかねばならん。誠真実の澄みきった心にならせてもらわねばならん。

お道を信心さしていただいて、親神様からの下されものの唯一のものは、おさづけの理である。このおさづけは、誠真実の心におさまったその心に下されるのである。おさづけこそ効能の理である。生涯末代の心の宝とも仰せくだされるのである。また、何不自由ない道の路銀とも仰せくだされるのである。がしかし道の路銀ならば、それを使わねばまた路銀の値打ちがないのである。つまり人をたすけさしてもらわねばその路銀の価値がないのであります。

十ド　このたびみえました
あふぎのうかゞひこれふしぎ

心が誠真実におさまって、おさづけを下されるのである。そのために、今日九度の別席を運ばしてもらうのである。

信心さしていただく限りにおいては、心澄みきらしてもらわねばならん。

扇の伺い（おうぎ）というのは、扇のさづけを戴いた者で扇の伺いをさしていただくことができるのである。心の澄みきった者であって、初めて扇の伺いをさしていただく値打ちがある。人間心があっては、神意を伺うことはできないのである。

この当時（慶応年間（けいおう））のおさづけは主として扇の伺いであった。お道を信心をさしていただいて、心澄みきって、とうとうおさづけの理を結構に戴くようになった。こんなありがたいことはないのである。このおさづけの理によってこそ、珍しい、不思議なおたすけもさしていただくことができるのである。

これ実にお道信心のお陰である。これでこそ本当にたすけていただける道に出していただくことができたのであります。

おさづけを戴いて、それを取り次がしていただいて、それでたすかるのではない。心澄みきった誠真実の心、教祖の子供たすけてやりたいとのその親心にならせていただいて、おさづけを取り次がしていただくところに、ありがたいご守護も見せてくだされるのである。存命の教祖の理がお働きくだされるのであります。

かくならしていただくためには、まず人間心をすてて、神一条の澄みきった心、人間を初めてお造りくだされた時の、月日親神様の思わくの人間の心に入れ替えさせていただくことが大切なことであります。

（昭和二七、一一、一〇）

七下り目

本下りは主として、種蒔きにたとえてお諭しくだされているように窺われます。お道と百姓とは、実に切っても切れない関係がある。草木一本といえども、水気と温みとのご守護がなければ成長をさしていただくことができないように、また一粒の米もその通りであるごとく、百姓のことに関しては、実にいろいろとお諭しくだされている。この下りにおきましても、田地と種蒔きに例をとって、いろいろとたすかる道をお教えくだされております。

蒔いた種ならば、この世の中が天理の世界である以上は必ず生える。この種蒔きのお諭しによって、末代たすけていただくことのできる理合いをお教えくだされております。さてその種を蒔く田地というのは、どの田地であるのであるか。それはいうまでもなく、神の田地であるおやしきであり、また、月日抱き合わせの天理のご守護の世界であるこの世の中であるとも、大きく悟らせていただくことができるのであります。それではその神の田地に種を蒔かせていただいて、収穫さしてくだされるその田地は、どこに下さるのであるか。その蒔いた種の収穫は、めいめいお互いの蒔いた者、すなわち、めいめいお互いの身の内という田地に下されるのである。めいめいお互いの身上に返してくだされる。身上に生やしてくだされるのであります。しかも、こうしてこの種を蒔かしていただいて、たすけていただくことのできるのは、この代だけではないのである。子々孫々にまでたすけていただくことのできるありがたい結果を見せてくだされるのであります。

一ッ　ひとことはなしハひのきしん　にほひばかりをかけておく

このお言葉の中には、言葉の理の誠に重いことが仰せくだされている。たとえ立ち話の一言であっても、その人の真実のこもった言葉の理には、実に意義のある、神様の深い思わくのご用をさしていただくことのできるご守護となって現れる。

一言の理は万言の理に当る。（明治30・2・1）

ともおさしづに仰せくだされている。と共に言葉の理によっては、これと反対に、人を悪くいうような理に遣ったならば、これまた親神様の思わくに逆らって、大変な罪を積むことになる。

蔭で言う事は十代罪と言う。（明治24・1・29）

蔭で言うより前で言え。いかん事はいかんと蔭で見て蔭で言わんと直ぐに言え。蔭で言うたら重罪の罪と言わうがな。（明治23・11・22）

ともおさしづに仰せくだされてあるのである。

また教祖は、

「切り口上捨て言葉は、夢うつつにも言うのやないで」

ともお聞かせくだされているのであります。

実に言葉には、一口のその中にも末代たすかっていただくことのできるにをいがけともなる。それはその人の真実の心の理が、そうしたご守護となって現れるのである。


　実という心より受け取る処無い。受け取れば理が咲く。理が咲けば実がのる。（明治31・3・12）

とおさしづに仰せくだされますように、真実の心で、すなわち人をたすける心は真実と仰せくだされるように、この心こそ教祖の可愛い子供をたすけてやりたいとの親心であります。この真実の心で、一口の立ち話であっても、取り次がしていただいた理は、親神様に受け取ってもらえる、受け取っていただくことができたならば、その理は必ず咲く。咲けば必ずたすけていただける実を結ぶ結果となって現れるのであります。

人をたすける心は誠真実、誠真実は種、種は小さなものと仰せくだされるごとく、これがすなわちお道でいうたすけていただく種である。人だすけとなって現れる真実の心が、親神様に受け取っていただくことのできる種であります。

最初、道の先輩の先生方が教祖にお目にかからせていただかれた。教祖から一言のお話を頂かれた。

たとえその言葉は一言でありましても、その言葉の中に含む教祖の親心、この親心に感じ、この親心に接して、人はみなたすからずにはおられなかったのであります。この親心に接しさしていただいて、離れられないたすけの綱に結ばれたのが、今日のお互いでございます。伊三郎父は、私の子供時分にこう話してくだされました。

「教祖にお目にかからせていただくと、いつも伊三郎さん、伊三郎さんと本当に温かな親心で呼んでくだされた。この言葉を聞かしていただいただけでも、ありがとうて、結構で、なんともいえない気持ちにならせていただくことができたのや。このお陰であの教祖のご苦労の中もお供さしていただいて、連れて通っていただくことができたのやで」と聞かしていただいたことが、度々でございました。実に、教祖のたすけてやりたいとの親心から出たこの言葉の理によって、われわれはたすけていただくことができ、今日の結構を頂いておるのであります。

これを思う時、この一言の話でありましても、これ末代たすけていただくことのできるにをいがけともならしていただくことができるのであります。次に、にをいがけについてのおさしづを引用さしていただきましょう。

にをいの事早いほがよいで。急いでやってくれ。急いでやってくれにゃならん。急いでやっても良い加減になる。残らず〳〵遠い所、悠っくりして居ては遅れる。この人ににをいを掛けんならんと思えば、道の辻で会うても掛けてくれ。これからこれが仕事や。

（明治40・4・7）

にをいがけに対する親神様の思わくはこれである。一日の日もじっとしてはおられないのである。にをいがけぐらいは軽いことのように思われるかもしれませんが、実にこれこそ親神様の思わくを実現さしていただくためには、大事な重いご用であることを、しっかり悟らせてもらわなくてはならぬのである。これからこれが仕事やと仰せくだされるように、いつの時代でありましても、世界をろくぢに踏みならしくだされるまでは、これが唯一のお道のご用でなければならんのであります。

二ッ ふかいこゝろがあるなれバ たれもとめるでないほどに

人だすけというのは、人間初めてお造りくだされました時からの神様の思わくのご用であって、これこそ実に親神様の深い重大なるご用でありますから、これこそ止められるものではないのである。実に親神様の唯一の、深い思わくの理のご用であります。であります以上は、お道の生命は実にここにあるのでありまして、よふぼくであるお互いの唯一のご用であります。実にこの道こそは、つけかけた道ならつけずにはおられん。どうでもつけて見せる、ともお聞かせいただいておりますように、これは親神の確固たるものであります。この思わくを止めたならば、止めたものがわが身止まるでとも仰せくだされるのである。月日のご守護の世界に出していただいているお互い、このご守護を止めることは、わが身のご守護を止めておるものであって、この深い思わくにこそ、めいめいのご用を勤めさしていただけるよう、この道を通らせてもらわねばならんのであります。これがお互いこの道に入れていただいている者の心がまえでなければならんのであります。

三ッ　みなせかいのこゝろにハ　でんぢのいらぬものハない

みなの人間は、物を作る田地もほしいように、またたすかりたいと願うのでもある。人間というものは、誰でも物を作る田地をほしいものである。種を蒔く田地がほしいものである。たすけていただきたいと願う人間ばかりである。だからしてお道の者は、誰にでも人をたすける心は誠真実、誠真実は種、と仰せくだされる人だすけの種を蒔かしてもらわねばならんのであります。この種を蒔かしていただいたならば、善き種を蒔いたら、そのままわが身の芽という田地に生やしてくだされる。と共に、これと反対に悪い種を蒔いたら、またそのままに悪い芽が生えてくるのは、これはいうまでもないことであります。

さて人間は、みな田地をほしがるものである。たすけていただきたいと願う心には変わりはないが、この道を通らせていただいておる者と、世界の人の通り方との違いは、種を蒔かずにたすかろうと思うのが、これ世界の方々の通り方である。いわば、たすかる種をいまだ知らぬのが世界の方々である。このたすかる種を教えていただいたのがお道のお互いである。

わが身結構になろう、わが身たすけていただこうと思うならば、人にたすかってもらうような種を蒔かしていただいてこそ、わが身の内にその種の収穫を頂くことができるのであります。

麦がほしければ麦の種を蒔け、米がほしければ米の種を蒔け、と仰せくだされるのがここであります。

四ッ　よきぢがあらバ一れつに
たれもほしいであらうがな

よき地があるならば誰もほしいように、病気災難で困っている人みながたすけてもらいたいと願っているのであるから、この人たちをたすけさしてもらわねばならんのであります。これが道の種蒔きであり、これがわが身たすけていただく種であります。

人はみな病気災難になって、初めて神頼みという気持ちになるのである。身上事情は道の花とも仰せくだされるように、身上を頂いた事情ができてきた、これこそこのたすけていただくことのできる道に入れていただく花であります。また、身上事情であった時こそ本当に神様につながる心があって、この時こそ本当に道を通らせていただくことができるのであると思われる。

しかし道に入れていただいているお互いは、出るべき身上、起こるべき事情も起こらずに通らしていただくためにこの道を信心さしていただくのであると悟らしていただいて、人だすけの種をしっかり蒔かしてもらわねばならんのであります。世界には、たすけていただきたいと願っておられる可愛い親神様の子供が、至る所に一杯に満ち満ちておられるのであります。たすけていただく種が山のように待っているのであります。

五ッ　いづれのかたもおなしこと　わしもあのぢをもとめたい

立派な田地に、よく稔ってある様子を見たならば、誰でもみなほしいであろう、それは人情であります。それで、立派に幸福にわが身たすけていただこうとするならば、誠真実の人だすけという、神様に受け取っていただく種を蒔かねばならんのであります。蒔いた種なら、みな心通りにわが身の田地に生えてくるのであります。これこそ天理であり、決して間違いはないのであります。

難病のたすかった人が目の前におられる。それを見ては、誰もあの人のようにたすけてもらいたいと思うておる人が、世界にたくさんおられる。それをたすけさしていただくのがお互いである。それがまた、めいめいのたすけていただく種であります。

六ッ　むりにどうせといはんでな
そこはめい〳〵のむねしだい

この道は心の道、胸の道である。形の道ではないのであります。真にたすけていただきたいとの真剣の道であります。

教祖の所へ寄せていただくのに、私も行くからあんたも行くかというように、お互いに深い心もなく、ちょっとまあ行ってみようかというような心で教祖の所へ出ても、教祖はお諭しくださらなかった、とも聞かしていただいておる。教祖のお聞かせくだされるお話は、真実話である。真実話は真実の者にしか通じない、真実の心の者にしかお聞かせくださらなかったのであります。

この道は、心にもない形のことをしても受け取ってくださらない。自慢高慢から教祖に物をお上げしても、それを召し上がりになっても、味がないとおっしゃった。味がないということは、受け取っていただけなかったということであります。

真実の心から出たことであるならば、いかなることも受け取っていただくことができる道であります。実に、めいめいの心次第であります。みな、わが心の内にあることであります。たすかるたすからんは、めいめいの胸次第であります。

でありますから、この道に入れていただいて、一度こうと精神を定めた以上は、いかなことがあっても変わらぬのが精神定めと仰せくだされるのであります。そして変わらぬこの精神が誠と仰せくだされるのであります。道はこの誠の切れることのない、精神のつながりが道のつながりであります。今後末代この誠真実の心こそ教祖につながる心であって、これが道のためであります。教祖の親心をはなれて、お互いはたすけていただけない。このはなれられない姿が道の生命であります。これは無理にどうせいといわれたからできることではない、めいめいの本心、本真実から、おさえ切れない気持ちをもって現れている姿であります。

七ッ　なんでもでんぢがほしいから　あたへハなにほどいるとても

この道を通らせていただくためには、苦労難儀をいとうていては通らせていただくことはできない。苦労難儀から逃げているようなことでは、たすけていただくこともできないのであります。

道のためならば、神様のためならば、人だすけのためならば、いかなる苦労でもさしていただく。それをよろこんで通らせていただくところに、たすからん身上、解けん事情も、ご守護となってたすけていただくことができるのであります。

神様から受け取っていただく真実には、半分の真実、九分の真実というようなものはないはずであります。真実というのは、裏もない表もない、どこから見ても丸ごとである。これが神様の受け取ってくださされる真実であります。いかなることもいとわない、そこからいかな難渋、難儀な中もおたすけくだされるのであります。

八ッ　やしきハかみのでんぢやで　まいたるたねハみなはへる

このおやしきこそ、神の田地と仰せくだされる。

さあ〳〵聞いてるか、聞き分けるか。世界は広い。広い世界の元なれば、広いだけの事を為さねばならん。さあ〳〵種苗、苗代は、元のぢば。修理肥は誰がする〳〵〳〵。遠い所より種を蒔きに来る。種を蒔いたら肥えをせねばなろまい。これをよう聞き分け。（明治20・3・11）

かくおさしづに仰せくだされますように、おやしきこそ神の田地である、と仰せくだされるのである。つくす所、はこぶ所こそぢばである。おやしきである。子が親を思うて運ぶ心、これ真実であります。これが親神様からお受け取りいただいて、たすけていただく種ともなって、めいめい身の内にその収穫を返してくださるのであります。

親神様の親心は、返してくださる理は、一粒万倍であります。ここに深いいんねんも切ってくだされるのであります。

九ッ　こゝハこのよのでんぢなら
わしもしつかりたねをまこ

ここここそ、この世のたすけていただく所なるぢばであります。ぢばに蒔いた、親神様に受け取っていただいた、その種は身の内のご守護となってお返しくだされる。

めいめい身の内は神様からのかしもの・かりものである。

八つのほこりをすっかり払って、心からよい種を蒔いて、いんねんを切ってもらわねばならんのであります。身上をこの世の中にお出しくだされたのは、親神様の可愛い子供をたすけてやりたいとの深い思わくからであります。こうしてめいめいたすけていただいて、親神様の深い思わくの実現に応(こた)えさしていただくこともできるのであります。

十ド　このたびいちれつに
ようこそたねをまきにきた
たねをまいたるそのかたハ
こえをおかずにつくりとり

このお歌にこそ、親神様の子供可愛い親心が一杯に溢(あふ)れているではありませんか。ようまあ、種を蒔きに来てくれた、ようまあたすかってくれたと、心からおよろこびの心が溢れているのが窺われるのであります。

この親心を悟らしていただく時、一日も早くたすけていただいて、教祖にご満足をしていただかねばならんのであります。

しかも、ここにたすけていただきたいとの種を蒔いたならば、この種は肥もおかずに作り取らしていただくことのできる種でございます。しかもこの代一代ではない。そのつくした時の心さえ変わらねば、末代にまでたすけていただくことのできる種なのであります。

本七下りには、最初に申し上げましたように、種蒔きのお諭しによって、たすけていただくことのできる理合いをお教えくだされたのであります。それで、次に種についてのおさしづ二、三を述べさしていただきます。

蒔いた種さえ、よう／＼の事で生えんのもある。蒔かぬ種が、生えそうな事があるか。根性の悪い話すると思うやろ。　（明治24・2・8）

また、

どんな艱難もせにゃならん、苦労もせにゃならん。苦労は楽しみの種、楽しみは苦労の種、と皆聞いて居るやろう。　（明治39・12・6）

これがお道の通り方であります。苦労から逃げて道はない、たすかる道はない。苦労は楽しみの種と、実に明瞭にお諭しくだされているのであります。今日の道の苦労は明日の道の楽しみであります。

種というは、些かのものから大きものに成る。年々に作り上げたら、どれだけのものに成るやら知れん。しっかりと心に聞き分けたか。

（明治37・12・14）

人たすけならば、いかなものでもさしていただかにゃならん、探し回ってでもさしてもらわねばならんのである。種ならば小さいものでも、段々に大きくなるのが天理であります。

石の上に種を置く、風が吹けば飛んで了う、鳥が来て拾うて了う。生えやせん。心から真実蒔いた種は埋ってある。鍬で掘り返やしても、そこで生えんや外で生える。

（明治23・9・30）

人の見える所に、人の目を相手にして種を蒔いているようなことでは、神様に受け取ってはもらえない、人が見ておろうが見ていまいが、心真実から人のため、神様のためにつくした種は、ちょうど地の中に蒔いた種と同じ理合いである。人が知らずに掘り返しても、それは所がかわるだけであって、蒔いた以上は必ず生やしてくだされるのである。この道には、つくし損、働き損はないのである。蒔いた以上は必ず生えるのである。

「道の一人前の働きは、縁の下の力持ちを喜んでさしていただくようになったら、お道一人前やで」

これはご母堂様から、われわれが青年の時繰り返し何遍もお聞かせいただいたお話である。実にこれに違いないと、つくづく懐かしく思い出されるお言葉であります。

（昭和二八、三、一六）

八下り目

本下り目は、ふしんのことについてお諭しくだされております。お道のお諭しには、ふしんということは、実に大切なお諭しであります。物の成人、すなわち人間の成人等に譬えて仰せくだされております。

お道はきりなしふしんと仰せくだされております。

切り無し普請始めたる。こちらへ建て、どちらへ建て、建てたり取りたり普請無いと楽しみが無い。そこで仮家普請、道普請。道普請なら切り無し普請と言うてある。（明治23・10・10）

これがお道の成人の道すがらを仰せくだされるに、実に適切なるお言葉であると思います。人から見たならば、おやしきのふしんのありさまをご覧になりましても、同じ家をあちらへ持っていったり、またこちらへ引いたりして、いかにもつまらない、無駄なことをしているようにも、また無計画なことをしておるように見えるかもしれないのでありますが、親神様の思わくから申すならば決してそれが無駄でもない、無計画なでたらめの仕事でもないのでありまして、その変わりゆく姿が、お道の成人の姿なのであります。

お道がすっかり神様の思わくにまで成人したということは、これ世界隅から隅まで、いわゆる世界ろくぢに踏みならされた時のことである。そのためには、いわゆるきりなしふしんが続けられることなのでありますお道のふしん、神様のごふしん、おやしきのごふしんは決して形のふしんではないのである。そこには珍しいおたすけも頂いた、というものがあっての、ふしんとなって形に現れるのであるから、ふしんしないと楽しみないとも仰せくだされるのである。親神様のよろこびくだされることは可愛い子供のたすかること、それが何よりのおよろこびでありお楽しみであるのでありまして、形の立派な、大きな、美しいふしんの中にお住まいになっておよろこびになるのではない。心の入れ替え、身の立て替え、理のふしん、これをおよろこびくだされるのであります。

道のふしんは、実にそのためのきりなしふしんであります。

一ッ　ひろいせかいやくになかに
いしもたちきもないかいな

神様が世界中から、ふしんの材料になるものを求めておられるのである。すなわちたすけ一条の親神様が、可愛い子供のたすかるのを待っておられるのであります。

親神様のふしんは、たすけふしんである。心のふしん、身のふしん、理のふしんであります。

おやしきのふしん、教会のふしんこそは、決してわが身のふしんではない。神様がわが身の立派なる美しいふしんを願っておられるのならば、教祖のご苦労の道すがらもない。結局神様のご用をなす、よふぼくを求めておられるのである。

ふしんをするためには、土台の石が必要である。しかもなくてはならん、重荷を背負ってもらわなければならんものである。そしてその働きは、人からはあまり見えないものである。

柱というものは、またふしんになくてならんものである。あるべき所に、これ一本も欠くことのできないものである。と共に、一時の間もこのご用をはずされないものである。これが道のよふぼくである。道のよふぼくには一分の間も道ならぬ心遣いの時があってはならぬのである。

この道の上に大きなご用をする者ほど、それには道の苦労が伴うものであることを、覚悟せなくてはならんのである。これをよろこんで通らせていただくところに、道のよふぼくであり得るのでありますこのよふぼくともなるべき者を、「いしもたちきもないかいな」と仰せくだされてあるのであります。

道のご用をする者は、布教師はもちろんのこと、その生活においても、二道はないはずである。裏も表もないはずである。神様の受け取ってくだされるのは誠真実のみであるごとく、常に裏表のない、誠真実でなければならんのである。この心から出たことであるならば、これみな神様のお心に適って、道のご用をさしていただいているものである。道は一つであります。

二ッ　ふしぎなふしんをするなれど
たれにたのみハかけんでな

人間の力で、どうにもできないことが、不思議である。珍しいというのである。おやしきのふしん、教会のふしんは、ふしぎふしんと仰せくだされるのである。

一体この世の中で、何が真に不思議であるか。たすからん身上、これをたすけていただくことほど不思議はないのである。その身上をたすけていただくことのできる不思議なふしんである。

さて、そのふしんをさしていただくに対して、心にもない形が集まってできるお道のふしんではないのである。そんなものを望んでおられるのではないのである。そこには真実がない。真実がないならば、神様には受け取ってもらえないのである。

この道の信心は、頼まれて通る道ではない。心からよろこんで、勇んで通らせてもらう、連れて通ってもらう信心である。

教祖のご苦労の道すがらは、可愛い子供たすけずにはおかぬ、そのためにはやむにやまれんとの親心から、お通りくだされたご苦労の道すがらであった。だからその真実の親心には、皆がついて行ったのである。教祖のご用をさしていただく道のよふぼく、これまたこの教祖のお心をわが心として、通らせてもらわにゃならんのである。そこについて来る子供も、この心をわが心として、ついて来るのである。頼まれ信心、頼まれての参り信心ではないのであります。

この道はだめの教えとお聞かせくだされる。何がだめの教えであるか。身上たすけ、すなわち身上かしもの・かりもの、この教えこそ、教えの台とお聞かせくだされるごとく、これこそ何ものにても解決のつかない、身上の解決をしてくだされるのである。

わが身上であるならば、わが心で入れ替えせねばならん。人に頼まれてできるものではない。これは身上が互いに融通がつかんと仰せくだされるごとくである。その不思議なる身上のご守護を頂くための不思議なるふしんであるから、どこまでもわが心わが身をもって、つくさしてもらわねばならん、運ばしてもらわねばならん。そこにこそわが身の理のふしんもさしていただくことができるのである。

おやしきのふしんが始まった。教会のふしんが始まった。他よりも先に、これに心を寄せさしてもらわねばならんのである。よろこび勇んで、運ばせてもらわねばならんのである。

真のわがものというのは、つくした理、働いた理だけがわがものである。この徳こそわが身の身上を解決してくだされるものである。金銭物資で解決のできない身上を解決してくだされるのである。この現れがおやしきのふしん、教会のふしんとなって現れるのである。これがふしぎふしんの現れである。不思議なら、ご守護の形の現れでありますす。しかも教会のふしんは、ふしぎふしんであると共に、陽気ふしんである。

ふしぎふしんをするなれど、誰(たれ)に頼みは掛けん。皆寄り合(お)うて出来たるなら、人も勇めば神も勇む。ふしぎふしんをするからは頼みもせん。……不思議の中で小言はこれ嫌い、陽気遊びのよう

なが神が勇む。　（明治23・6・17）

陽気であるから、神様が受け取ってくだされるから、神様のおたすけを頂くことができる。不思議なおたすけを頂くことができる。ここにふしんの神様の思わくがある。お道のふしんは、どこまでも陽気遊びのような心でなければならんのであります。

事情は大抵（たいて）の事やない。一寸（ちょっと）その理は受け取る。たすけとても一日なりともひのきしん、一つの心を楽しみ。たすけふしぎふしん、真実の心を受け取るためのふしぎふしん。（明治23・6・15）

可愛い子供をたすけるためのふしんである。そのふしんに寄せる子供の心、その心を受け取ってくだされるためのふしんである。たとえ一日でも、ふしんのためにつくさしていただくひのきしん、親のため、おやしきのふしん、教会のふしんやと、心たのしんで運ぶならば、その心を受け取っていただいてたすけていただくことのできるふしんであります。どこまでも思いつくす心を受け取ってくだされる親神様であります。ありがたいたすけふしんであります。人に頼まれるどころか、わが身に先んじて参加させてもらわねばならんふしんであります。

三ッ　みなだん／＼とせかいから
よりきたことならでけてくる

お道のふしんは、わがふしんではない、世界たすけのふしんである。世界がたすかっていただいてお道のふしんの意義がある。ここにふしんができるのである。

世界から、これがおやしきや、これが親やと寄りきたことであるならば、その心づくしがふしんの形になって現れるのである。その心の成人に応じて形に現れたのがふしんである。心のふしん、理のふしんである。結構に理の成人もさしてくだされるのである。

かくもなるように、子供が親やというて慕(しと)うて帰らずにおられぬように、教祖が理をおやしきに伏せ込んでいてくだされるのである。水が低きに流れ落ちるがごとくに、蟻(あり)が甘きに集まるがように、子供が寄り集まり帰ってくるのである。そこに、その心がふしんとなって現れるのである。

四ッ　よくのこゝろをうちわすれ　とくとこゝろをさだめかけ

おやしきのふしん、教会のふしん、神様のご用には、欲の人間心があってはできるものではない。わが身のことを考えるから、欲の心も起こるのである。わが身のことを考えても、わが力ではどうにもならんのである。どこまでも神様のご守護がなければならんのである。神様のご守護を得るためには、欲の人間心を捨てなくてはならんのである。

天理は欲とは反対である。天理ははたらくである。はたらくとは、はたはたの人に楽をしてもらうから、はたらくというのや、これが天理に適うのや、とお聞かせくだされている。人によろこんでいただく、人に貰ってもらうのでなければならんのである。

人のためにはたらくのは、ちょうど池の水を向こうへ向こうへ押すようなものや、池の水を向こうへ押したならば、池の水がまたすぐに横から返ってくるごとく、必ず徳をかやしてくださるのやで、とお聞かせくだされている。

これが金銭で買うことのできない徳である。

つくした理、はたらいた理は、生涯末代の徳や、生涯末代の徳は金銭では買えようまい、と仰せくだされる。徳を下されるのである。この徳を頂くためには人間心なる欲を捨ててもらわなければならんのであります。

五ッ　いつまでみあわせゐたるとも
うちからするのやないほどに

神様のふしんというものは、どうしよう、こうしようというて、いろいろ人間考え、人間力を絞っても、できるふしんではない。このふしんばかりは、わが身のふしんではない、世界たすけのふしんであるから、そこのところをよく思案せねばならんのである。一人でも多くの人にたすかっていただいてこそ、ふしんの意義があるのである。どうしよう、こうしようという人間の知恵、力でできるふしんではないのである。

人にたすかっていただくためのふしんであるから、そこにはちょっとも人間心をつかった遠慮や気兼ねはいらんのである。この神様の教えをしっかり取り次がせていただいて、その人をたすけさしていただく真実をもって行くならば、必ずそこには真実が先方に通じて、神様のために心を寄せてくれるようになるのである。その心の理は、珍しいたすけとなってふしんの出来上がるごとく、ご守護となって現れるのである。わが身にさえ欲がなければ、心が澄み切ってさえいるならば、あざやかなご守護となって現れるのである。そのご守護がふしんの形となって見せてくだされるのである。人だすけには遠慮はいらぬのであります。

六ッ　むしやうやたらにせきこむな むねのうちよりしあんせよ

ただ形のふしんが目的ならば、何はともあれ一日も早く出来上がったらよいのである。がこの道のふしんというものは、心のふしんである。この心の入れ替えがふしんの形となって現れるのである。まず心のたすかるよう入れ替えにゃならん、それが身上たすけとなって現れる。教会のふしんにもなって現れるのであるから、よくしっかり思案せねばならんのである。

七ッ　なにかこゝろがすんだなら
はやくふしんにとりかゝれ

だから心さえ早く澄んだならば、一時も早くふしんにかからせてもらわねばならんのである。まず心が何よりも大切である。心を受け取っていただく道である。心にもないことをしても、何のよろこびもいただく神様ではない。

この道は心の入れ替え、世界の建て替えであり、この世界を陽気ぐらしへ立て替えるのである。陽気ふしんである。お道のふしんには、大義大層の心があってはならないのである。心の澄んだ、陽気ふしんである。これであってこそ、親神様に受け取っていただくところのものがあるのであります。

八ッ　やまのなかへといりこんで
いしもたちきもみておいた

神様の思わくの人間は、親神様は見抜き、見通しであるから、あちらにも、こちらにも、すっかり見届けておられるのである。神様のよふぼくとなる人間がたくさんにあるのである。人里はなれた、あんな辺鄙（へんぴ）な所と思われるような所にも、親神様のお心に適った者がいるのである。

いくら近くにおっても、その心一つの使いようでは、よふぼくにも使ってもらえないのである。いかなる遠方におられても、神様の目には、陰ひなたはないのである。

これは必ずしも、形の上から見て今生だけではないのである。前生前生のいんねん寄せて守護するとも仰せくだされるように、人間には前生のことは分からないのであるが、親神様の目には、みなよく分かっておられるのである。前生前生のいんねん寄せて守護すると仰せくだされるのは、ここである。こうしたことが分からないようなことでは、お道を通らせていただく真の味が分からない。従ってお道の楽しみもなければ、教祖のご苦労も無駄となってしまうのであります。

九ッ　このききらうかあのいしと　おもへどかみのむねしだい

人間がいかに、あの人を使う、この人を道のご用に立てようと思うても、神様のご用を神様がさしてくだされるのであるから、これはみな神様の御胸に適うものでなければならぬのである。神様の思わく次第である。人間力、人間考えでどうにもできないのである。

そのご用をさしていただくだけの理がなければならんのである。その理をまず積ましてもらわねばならんのである。

親神様には、見抜き見通しである。神様のお心に適っているか、いないかが問題である。これが肝心なことである。

人間はこの世だけの形を見、形を考えるから不足も起こり、不平も起こるのである。人間には、前生のいんねんがあるから、そのいんねんの集まりが今生になって現れているのである。これは善きにつけ、悪しきにつけ、みなその心の色通りである。いんねん寄せて守護すると仰せくだされるのは、ここである。これが分からんから不足が起こる。不足が起こるからますますいんねんを重ねるということにもなる。

ましてこのやしきに寄せていただいている者は、前生前生のいんねんの集まりであります。

十ド　このたびいちれつに
すみきりましたがむねのうち

心のふしん理のふしん、心が澄みきらんことには、ふしんはできぬ。ここに出来上がったふしんこそ神様の受け取ってくだされるふしんである。たすけふしんである。

以上の神様の思わくを、わが心に悟らしていただいて、わが心澄みきらせていただくことができるのである。神様のご用をさしていただくよふぼくともならしていただくことができるのである。

教祖七十年祭にておやしきの工事、建築も始まっているのである。これみな可愛い子供をたすけるための、たすけふしんである。心澄みきるためのふしん、心のふしん、理のふしんである。誰かこのふしんに参加せずにおられましょうや。可愛い子供をたすけてくだされる旬を与えてくだされているのである。しっかりこれを悟らしていただいて、この旬を逃しては申し訳がないのである。おたすけくだされる旬であることをよく悟らせてもらわねばならんのであります。

（昭和二八、六、五）

九下り目

本下りにて仰せくだされておる大体の筋は、お道というものは、大義大層、人間心の形でたすかるのではない、心一つの持ちようでたすけていただくことができるのである。人間の心と親神様のお心とがぴったり合ったところに、たすけていただくことができるのであります。

すなわちたすけてやりたいとの親心、たすけていただきたいとの親にすがる子供の心、この二つのつながりが、ご守護となって現れるのであります。

さて、ただたすけていただきたいからといってたすかるのではない。親神様に受け取っていただく心とは、何であるか。欲のない心、人間心のない心であります。ところが人間心には欲がある。これが天理に適(かな)わないのである。親神様に受け取っていただけないのである。欲のない心、人間心のない心、すなわち真実の心であります。これこそ人をたすける心であります。この心から出た道でなければならんのであります。

やがては道なき所にも、道がつく。山の中からも、つとめの声が、あちらからも、こちらからも聞こえてくるのである。いかに遠方であっても、ぢばにつながる心がなければならないのであります。いかに近くであっても、ぢばにつながる心がなければたすけていただくことはできないのであります。ぢば、月日、教祖とはなれては、たすかる理はないのであります。

一ッ　ひろいせかいをうちまわり
一せん二せんでたすけゆく

教祖は、可愛い子供をたすけるために、わが姿をおかくしくだされて、扉を開いて世界をろくぢにふみならすと仰せくだされ、日夜存命の理として、お働きくだされているのであります。このお言葉こそ、このお心を仰せくだされる教祖のお声であります。このお道は、どうでもこうでも一人残らずたすけ上げずにはおかぬと仰せくだされるのであって、これが月日の親心、教祖の親心、この親心の理であるお歌であります。

世界は実に広いのであるが、親神様の親心もまた無限であります。教祖は、ご存命の理にのってお働きくだされるのである。すなわちお互いの働きにのってご守護を下されおたすけくだされているのであります。

これは高井猶吉先生が、明治十六年に、大阪の井筒梅治郎先生方と共々に、遠州にご布教に出られた時のことであります。その時その道々において、このみかぐらうたを歌いながら、歩いていかれたのでありました。するとその道々で、人は先生方の歌いながら道中しておられる様をみて、詠歌でもあげているように思って、一銭二銭の奉捨があったのでありました。これを見て、これがこのお歌の、「ひろいせかいをうちまわり、一銭二銭でたすけゆく」と仰せくだされた、この歌のことやなあと思ったのやでと、高井猶吉先生から聞かしていただいたことがありました。

このお道は、形の物を出させるのでもなく、上げさせるのでもない。物を出させていただく、上げさせていただくような心にならせていただく、その心をしっかり仕込ましていただくのがお道の人だすけの道である。その心になって、その人が運んだ、上げたものが、たすかる種であります。

世界中をたすけさしていただくお道であるが、決して大層の形にあるのではない。たすける者の心の誠、たすけていただく者の心の誠真実が、おたすけの結果となって現れるのであります。

世の中には物資の不自由な方々もたくさんにおられる。そうした谷底の人ほど早くたすけさしてもらわねばならんのであります。これが教祖の親心であります。決して物の大小がたすかるたすからんではないのであります。

これは私の家の女中さんのたすかった話であります。肺病でありましたが、伊三郎父の諭し話が、すっかり心に治まったと見えて、自分の持ち物は、風呂敷包み一つでありましたが、それを親神様にお供えされました。難病でありましたが、ご守護を速やかに頂かれました、という話が残っております。物の大小、形では決してないのであります。

今日お互いが物に目をつけて、持ってこい、運べ、つくせと申しますから、相手に不足心も起こさせるのであります。運ばせていただかずにはおられない、その心を仕込ませていただくのが、道のおたすけであります。これを忘れてはとんでもない間違いを起こします。せっかく運んでいただきながら、ご守護を頂けないという結果になって現れるかもしれないのであります。それでは誠に申し訳ないことになるのであります。

二ッ　ふじゆうなきやうにしてやらう　かみのこゝろにもたれつけ

月日抱き合わせの天理のご守護の世界であるならば、天理にもたれさしていただくよりほかに道はない。だのに、人間がどうしよう、こうしようというのは人間心であって、これがほこりの心遣いであります。

俺(おれ)が〳〵というは、薄紙貼(は)ってあるようなもの。先は見えて見えん。（明治24・5・10）

人間心の我の心では、結構な神様のお姿も見せていただくことができないように、たすけていただくこともできないのである。親神様の親心も掴(つか)ましていただくことができないのである。従ってたすけていただくこともできないのであります。

親神様の仰せ、教祖の仰せくだされたそのままに通らせていただくならば、決して不自由はないのである。天理である親神様の思わくの心に立てかえて、人間心を捨てて初めて、自由自在のご守護も頂けるのであります。

物があるから不自由がないのではない。いくら物がたくさんありましても、身上障りがあるならば、ある物も食べられなくなる。着物も着ることができないのである。身上達者のご守護を頂いているから、おいしく食べさしていただくこともできるのであります。不自由もないのである。このよろこびを心から味わわしていただくので、不自由もないのであります。

親神様から頂く、真の天の与えは、身上達者にご守護を頂くことであります。これが本当の天の与えであります。これが人生の最大のよろこびである。身上かしもの・かりものの理、これが教えの台であるとお聞かせくだされるのは、実にここであります。

人間心を捨て、欲の心を捨てて、親神様の仰せを、ただハイと素直・正直に受けさしていただく。これがたすけていただく元であります。

　生まれ児の心には何も欲しい物は無い。生まれ三才、又ちょと一つ心分かろうまい。さあ〳〵生まれ児は持たせば持ち、持たさにゃ持たん。この理しっかり聞き分け。（明治40・1・20）

親神様の人間に対する思わくは三才心であります。ただただ親神様のお心のままにもたれきるよりほかないのであります。

「よいもの食べたい、よい着物きたい、よい家に住みたいと思うたならば、いられん屋敷やで、よいもの食べたい、よい着物きたい、よい家に住まいたいとさえ思わなかったら、何不自由のないやしきやで、これが世界の長者やしきやで」

これは教祖のお聞かせくだされたお言葉であります。この欲をはなれた、人間心のない、親にもたれた生活にこそ、長者の生活があるのであります。すなわち身上達者にご守護を頂くことが、何よりも結構な、不自由のない長者の生活であります。

これがためには、身上かしもの・かりものの理をよく悟らねばならんのである。身の自由を教えてくだされたのが、お道のだめの教えであります。ここにお道の結構があります。

神様の仰せくだされる不自由というのは、物資の不自由ではない。衣食住の不自由ではない。身上の不自由、すなわち病のことであります。

神様の仰せに従って、教祖のひながたの道を通らせていただいたら、形の不自由、衣食住の不自由と思われるかもしれませんが、それをよろこんで通らせていただくところに、身の内の不自由のないように、ご守護も頂くことができるのであります。

三ッ　みれバせかいのこゝろにハ
よくがまじりてあるほどに

世界の人間は我が身勝手の人間心、欲ばかりである。

勝手の道通りていんねんという。（明治24・5・10）

こうしたお言葉のごとく、人間勝手の心遣いをもって、日々通っておりますから、悪いんねんを積むのであります。

「わが身の欲で、わが身のために働くのは、ちょうど池の水をわが方にかき寄せるようなものである。いくら池の水をわが方にかき寄せても、かき寄せても、池の中に水の山はできようまい。池の水はみな横から逃げて行くがな。池の水が逃げて行くのではない、池の水の逃げて行くように徳が逃げて行くのである。徳が逃げて行ったならば、後に何が残るか。いうまでもなく、徳の反対のいんねんが残るのである」

と伊三郎父から聞かしていただいたことがあるのであります。これがいわゆる人間心の生活であります。人間はみな、わが身のためばかりを考えて、日々は通っているのであります。これがほこりの元であります。これがためにたすからんのであります。

四ッ　よくがあるならやめてくれ
かみのうけとりでけんから

欲の心は、天理の反対であります。

これは教祖がご在世中の話であります。

ある信者の方が、餅をついて、おやしきに帰って来られたのでありました。それを教祖にお上げになりましたのでありますが、今日に限って教祖は、「気の毒な」といって、その餅をお受けにならないのであります。いつもよろこんでお上がりになるのでありますが、こうしてお受け取りにならないものでありますので、取次の先生は不思議に思われまして、次の間で、「この餅を持ってこられるについて、家で何かあったのではありませんか」とお尋ねになったのであります。するとその方がいわれますのに、「誠にお恥ずかしいことではございましたが、餅を三升つけ、いや三升は多すぎるから二升にしておけ、いや三升二升といって、実は言い事があって、この餅を持ってきたのでございます」と、ありのままをいわれたのでありました。見抜き見通しの教祖には、そのことがよく心に映っていたのでありました。

このように教祖のお受け取りくだされますのは、真実の心でありまして、餅ではないのであります。ですから惜しみのかかったものは、お受け取りにならないのでありました。

欲というものは、人の罪悪の源であります。だからこの心遣いをせぬように、通らせてもらわねばならんのであります。この心あっては、神様に受け取ってはもらえない。たすけてはいただけないのであります。

五ッ　いづれのかたもおなじこと　しあんさだめてついてこい

この道は心の道である。形の道ではないのであります。しっかりと心を定めて通ることが肝心なことであります。心がこうと定まったならば、変わらんのが心定めであります。この心定めをさせるのが、お道の働きである。物を出せというのではない、この心を仕込むのがお道であります。

心の変わらぬが誠と仰せくだされます。都合のよい時は通る、都合が悪ければやめるようでは、道を通るとはいえんのであります。心の道、胸の道、この心変わらぬ誠の道が、天理の道である。これがたすかる道であります。

この道通るには、誰彼の区別のあろうはずはないのであります。天理はただ一つである。人によって区別はないのであります。ここにこの道を通らせていただく者の楽しみがある。道は通ってこそ道である。そしてたすけていただいてこそ道の結構があるのであります。

昔の先生方は、この変わらぬ心をしっかり定めて、いかな苦労の中も、よろこび勇んでお通りくだされたのでありました。なるが故に、今日の結構なる道があるのであります。

六ッ　むりにでやうといふでない
こゝろさだめのつくまでハ

この道は、心にもないことを無理からしても、お受け取りはない。おたすけはいただけない。

「どうせこうせこれは言わん、これは言えん。言わん言えんの理を聞き分けるなら、何かの理も鮮やかという」

このお言葉のように、親神様は、無理にどうせい、こうせいとはおっしゃらないのであります。心からしたことでなければ、お受け取りはいただけないのであります。どうせにゃならん、とはおっしゃらないのではありますが、親神様の人間をお造りくだされましてからの大恩は、これは言えんと仰せくだされるように、実にどれほどとも想像もつかんほど大きいのであります。この親神様の言わん言えんと仰せくだされる親心をしっかり聞き分け、この親神様のお心をお察し申し上げて、子供の心づくしを、親神様にお供え申し上げてこそ、親神様におよろこびをいただくことができるのであります。

心から親神様につくさしていただく、運ばしていただく、その心が肝心であります。その心の定めが大切なことであります。いつも変わらぬ心、変わらぬ誠と仰せくだされる誠真実で通らせていただいてこそ、本当の道を通らせていただくのであり、本当にたすけていただくことができるのであります。

七ッ　なか〳〵このたびいちれつに
しつかりしあんをせにやならん

たすかるたすからんは、この道通るか通らんかにあるのであります。これみな、わが心一つの持ちようにあるのでありますから、よくよくしっかりと思案をして、通らせてもらわねばならんのであります。

この道の信心は、世界の、いわゆる参り信心ではないのである。あの人も行くから私も行こうというような、そんな形の道ではないので、そんな気まぐれの信心であってはならないのであります。それでは本当にたすけてはいただけない。なかなか容易ならぬ、真剣、真味の道であります。末代までも、たすかるかたすからんかの道であります。だから、通らしていただく者の、これほどありがたい道はないのであります。

八ッ　やまのなかでもあちこちと
てんりわうのつとめする

まだお道の広まっていないというような所からでも、親神様の御名を呼び出して、つとめをする歌声が、あちらからも、こちらからも聞こえてきて、道が次第に大きく広まっている様を仰せくだされているのであります。

これはお互いが遠方の教会に巡教さしていただいた時に、しみじみと味わわしていただく感じでありまして、本当にこれは神様でなければ、こうした所にまで道がつくとは、よもや思われないのであります。実にありがたい感じで、神様の結構をしみじみと胸打たれるのであります。

九ッ　こゝでつとめをしてゐれど
むねのわかりたものハない

こうしてつとめはしているが、本当に親神様のお心を掴ましていただこうということは、なかなかできんことである。本当にたすけていただこうと思うならば、しっかりと親神様の親心、親神様の思わくを掴ましていただかねばなりません。この道は形の信心ではない。

拝み祈祷(きとう)でたすかる道ではない。月日親神様の御胸、すなわち教祖の親心を、しっかり掴ませていただいて、これこそわがたすけの親であるとの心のつながりが、たすけを頂く綱であります。

とてもかみなをよびだせば
はやくこもとへたづねでよ

お道の信仰は、おやしきと一つになって、つながるところに生命がある。どうせたすけていただくためのお道であるならば、おやしき、おぢばへ帰らせていただいて、その元なる親神様の思わくを、しっかり掴ませていただかねばならぬのである。

「おやしきの土を踏んだら、いかなる願いごとも叶えてやろう」

と教祖が仰せくだされる、ありがたいおやしきである。可愛い子供を、一人残らずたすけ上げずにはおかんと、お待ちくだされているおやしきである。おやしき帰りこそ、教祖の一番におよろこびくだされることである。われわれ人間と、おやしきの理（ぢばの理）、月日の理、教祖の理とは離されないところのものであります。このつながりが、たすけていただける生命の綱であります。

おやしきに帰らせていただいた者には、おやしきに帰らせていただいた証拠として、証拠まもりを下されるのであります。このおまもりの理から申し上げましても、これは代理では戴けない（もっとも十五歳までは、親の心と仰せくだされて、親が代わってお下げをいただくこともできる）。本人が帰らせていただいて、直接でなければ下さらないのであります。そしてこれを戴いたならば、わが肌身に離さないで、つけさしてもらわねばならんのであります。肌身につけておくから、まもりになる、と仰せくだされて、教祖が守ってくだされるのであります。このおまもりは、いうまでもなく、教祖のお着物、すなわち赤衣様を、われわれのおまもりとしてお下げくだされるのであります。その赤衣様には、教祖の働きの理が宿っているのであります。

さあ〳〵ちゃんと仕立てお召し更えが出来ましたと言うて、夏なれば単衣、寒くなれば袷、それ〳〵旬々の物を拵え、それを着て働くのやで。姿は見えんだけやで、同んなし事やで、姿が無

いばかりやで。　　　　　　　　　　　　　　　　　　（明治23・3・17）

と仰せくだされてありますように、教祖の存命にて働いておってくだされるそのお着物を、おまもりとしてくだされるのであります。そのおまもりにて、守ってくだされるから、たすけていただくこともできるのであります。

この道は親子の離れられない関係以上に、教祖、月日様、おやしきと離れられないそのつながりが、たすけていただくことのできる綱でありますから、この道信心するからには、一日も早くおやしきに帰らせていただいて、たすけていただかねばならんのであります。ここにおやしき帰りのありがたみ、結構があるのであります。

おやしきには、世界の子供一人残らずたすけ上げずにはおかんとの教祖の親心の理が伏せ込まれてあるのであります。だから子供は、水の低きに流れ落ちるがごとく、おやしきや、教祖やと慕うて帰ってこずにはおられないのであります。

さて、おやしきに居らせていただく者は、この教祖の親心をわが心として、日々を通らせてもらわねばならんのであります。帰れというて帰る者はない、帰ってこずにはおられない、その理を形の上に現させていただくということが、お互いの大切なことであります。教祖の真実の親心をわが心として、わが身の行いとして通させてもらわねばならんのであります。帰れといって帰るものではない、つくせ、運べといって、つくし、運ぶものではないのであります。実に今日こそ、これでなければならんのであります。

教祖七十年祭の三年千日の働きも、一年はもはや過ぎて、あと二年という誠に大切なる時旬を迎えているのであります。今日こそ、運んでいただく、つくしていただく、帰ってくだされるその理をしっかりと伏せ込ませてもらわねばならぬ、実に大切な秋なのであります。しっかりこの精神でつとめさせていただこうではありませんか。

（昭和二九、二、一〇）

十下り目

本下りにおいては、お道の神髄である、心の道をお説きくだされております。お道は心の道、胸の道であり、その心の入れ替えをさせていただくのが、お道のご用であります。

お道はだめの教えであります。何がだめの教えであるか。人間身上のたすかる、たすからんのその道をお教えくだされるのであります。金銭物資で解決のつかない、人間身上は神のかしもの・かりもの、心一つが我がの理であって、その心通りで身上のたすかる道を、お説きくだされてあるのであります。

すなわち、病の元は何であるかを、お説きくだされてあります。実に重要なる下りであります。

一ッ　ひとのこゝろといふものハ
　　　ちよとにわからんものなるぞ

人の心というものは、形のないものであるから、形しか見えない人間には、なかなか見ることはできないのであります。あの人はどんなことを思うているのであるか、これはなかなか知ることはできないのであります。

人間の心は人の目につかぬものでありますから、よい心遣いをしておろうが、悪い心遣いをしておろうが、その人によって、どちらにもなるのであります。実はそのどちらにもなるその心遣いによって、たすかる人とたすからぬ人とができてくるのであります。

さてお道の仕事、お道のご用といえば、その心のどちらにも向く、その心を扱わしてもらうのがご用であります。

と申しますのは、人の心はどうあろうと、人間にはそれは分からないことでありましょうが、見抜き見通しの神様のお目からすれば、みな分かるのであります。そして神様は、その心こそお受け取りくだされるのであります。

「心々こゝろやで、心を受け取るのやで」と仰せくだされるごとく、心こそお受け取りくだされるのである。ここにたすけていただくお互いがあり、お道の通らしていただくありがたみがここにあるのであります。人が見ていようが、見ていまいが、心の誠真実でなければならんのであります。

元々人間の心というものは、神様が人間をお造りくだされた時には、誠に澄みきった、清らかなものであった。それが年がたち、代を重ねている間に、今日のような思い思いのほこりにまみれた心になってしまったのであります。このほこりの心、人間心を捨てて、澄みきった心になりましたならば、人の心は分からないとはいいながら、人の心を見抜かしていただくようにもならしていただくことができるのである。この心にまで澄みきらしていただくように、心の成人をさしていただくというのが、お道信仰の目標であります。また、この心こそ、心澄みきれ極楽やとも仰せくだされる境地であるのであります。

教祖のお心こそは、この澄みきった誠真実の親心であり、この親心をもって、いかなる人間に対しても、可愛い子供としてお接しくだされたのであり、一人残らずたすけ上げずにはおかぬとのお心となって現れたのであります。

われわれ人間にあっては、ほこりの心、人間心を拭い去った澄みきった心で、人に接することこそ、兄弟の心であり、その心こそ誠真実の心であります。

真の兄弟は、誠一つの心が兄弟。又、誠一つ理が天の理、常に誠一つの心が天の理。真の心の理が兄弟。（明治20年）

とおさしづにて仰せくだされておりますように、人間皆が互いに兄弟であると悟るなればこそ、互いにたすけ合わずにはおられない。そのたすけ合う心こそ誠真実の心であります。そしてその誠真実なればこそ、天の理に適う心であり神様のお受け取りくだされる心であります。皆がこの心、すなわち兄弟の理を治めるならば、皆がこの天の理に適う誠真実の心になるならば、それこそ、そこには神様のお望みになる、また、元初まりの人間に対する思わくの陽気ぐらしの生活である。心澄みきれ極楽やとも仰せくだされる生活であるのであります。

お道のおたすけは、心のたすけである。人の心の見抜けないようなことでは、人の心をたすけることはできません。また人の心をたすける者が、わが心のたすからないような心を持っているようなことでは、人だすけのご用には、神様は使ってくだされないのである。まずわが心が第一に、神様に受け取ってもらえるような心にならせていただくことが肝心なことであります。

人間の心は人に見えなくても、見抜き見通しの神様にはよく分かるのである。と共に、心は人に見えなくとも、その人の心通りに身上に現れるのである。身上が悪いのでない、心という理がなやむのであります。心の汚れは結局隠されないのであります。

人はわが心が人から見えないからといって、ほこりの心を持って通る、その心をたすけるのがお道のご用であります。

最も危険なことは、わが心の澄みきっていない人間心で、人の心を疑ってかかることで、これ実にいけないことである。人に迷惑かけること、誠に甚(はなは)だしいことである。これはよく慎んで通らなくてはならんのであります。

二ッ　ふしぎなたすけをしてゐれど
あらはれでるのがいまはじめ

人間が日々こうして生命をつながしていただいておる以上は、これ神様のご守護であることはいうまでもないことである。が、これを本当になるほどと、人間にお教えくだされたのは、天保(てんぽう)九年十月二十六日、教祖(おやさま)を神のやしろとしてお貰(もら)い受けになり、この道お始めくだされた、それが初めであります。

人間はじめ万物は、これみな月日のご守護のまにまに生かさしていただいているが、それが分からなかったのである。月日のお心をわが心として、教祖のお口から、人間創造、世界創造のお話をお聞かせくだされて、初めて分からせていただくことができたのであります。すなわち今日まで、月日に代わって、月日のお心を説く者がなかったのであります。教祖こそ地上における月日様であります。月日がこの世の元の親、実の親であるごとく、教祖こそ人間の親様であります。

日々の人間生活におきましても、身上であるとか、事情であるとか、そこにはいろいろの不思議なご守護を見せていただくのであるが、そこには必ず、さようになって現れてくる種があるのである。その種というのは何であるか。目には見えないのであるが、心遣いである心の理が種であります。種は見えない土の中に埋めなくては生えてこないように、人の目から見えない、心というその心通りの種が形となって現れてくるのであります。すなわち真実こそがたすかる種である。真実の心から出たことであるならば、神様が受け取ってくだされる。ここにご守護となって現れてくるのであります。心こそ形になって現れてくる種であります。

こうしたことが、月日のやしろなる教祖のお口からお聞かせいただいて、初めて分からせていただくことができたのであります。

三ッ　みづのなかなるこのどろう
はやくいだしてもらひたい

目に見えぬ人間の心をば、水に譬えてお話しくだされているのであります。

さて人間の心を濁すものはなんであるか。欲の心こそ人間の澄んだ心を濁すのである。その欲の心を早く取り去ってもらいたい、そして澄みきった心に立ち返ってもらいたい。それが極楽であると仰せくだされるのであります。人の心がどうであろうと、人間の目には見えないのでありますが、見抜き見通しの神様のお心には、鏡のごとくにそのまま映るのである。このほこりの心こそ人間の心を乱すものであり、疑い心にもなり、案じ心、心配心にもなって、陽気ぐらしの世界を曇らすのでありますから、一時も早くほこりを払うて、澄みきってもらいたいと、たすけ一条から親神様がお急き込みくだされているのであります。実に温かな親心溢れるお言葉であります。

人間の心というものは、元々人間をおこしらえくだされた時には、月日両神が、泥海中のどぢよを人間の魂として、お飲み込みになった。どぢよは泥の中にあって、泥がつかんごとく、人間の元々の魂は、濁りのない澄みきったものであると、かようにお教えいただいておるのであります。その清らかな魂に、欲というほこりのついたのが今日の人間の濁った心であります。その濁った心を、元々通りの神様から与えられた、澄みきった心になってもらいたいと仰せくだされているのであります。ありがたい親心ではありませんか。

四ッ　よくにきりないどろみづや
こゝろすみきれごくらくや

人間の欲というものは、きりのないものである。あれを欲しいといって、わが手に入れば、次にまた次の欲しいというものが現れてくるのである。いくら台を次から次に積み重ねても、人間の手は天まで届かぬごとく、わが人間の心が、欲しいという心を捨てるよりほかないのである。人間の欲こそほこりであって、これが人の心を曇らすものである。このほこりを取り去って、澄みきった時こそ極楽世界である。このほこりの心が不安となり、憎しみともなり、腹立ちともなるのであります。

この世の中は、月日抱き合わせの温かな懐住まいとも仰せ下されている。天理のご守護の世界も、曇らせるのであります。実に世界の姿は、我が胸三寸（ずん）に映る姿である。その鏡に映る本体はめいめいわが心にあるのであります。この陽気世界に心の入れ替え、心の成人をさせてくだされるのが、お道の信心であります。お道のありがたさ、たすけていただける結構さはここにある。すなわち心の道、胸の道であります。

この心のよごれをなす第一のものが欲である。この欲が天理に適わぬ心であり、天理と反対である。おたすけの心と反対であります。

わが身のために働くのは、池の水をわが方にかき寄せるようなものや、とお聞かせいただいている。いくら水をわが方にかき寄せても、かき寄せても、池の水の中に、水の山はできようまい。池の水はみな横から逃げて行くがな。水が逃げて行くのやない、水の逃げて行くように徳が逃げて行くのや。徳が逃げて行ったならば、後に何が残るのであるか。徳の反対の、いんねんが残るのや。わが欲のために働いたという、そのために人に迷惑をかけた、困らせたといういんねんが残るのである。この欲の心があっては、親神様に受け取っていただく、つくし運びという心遣いも出てこないのである。とするならば、親神様に受け取っていただく道もないわけであります。欲のために働いたから、そこには形の見える物資財産はできるかもしれないのであるが、物や財産では、身上の保証はできないのであります。身上病んで、何の物質による結構があるでしょうか。何が無くとも心のほこりのないのが、これ極楽であります。

十下り目

五ッ　いつ〳〵までもこのことハ
はなしのたねになるほどに

この道を聞き分けさせていただいて、たすけていただくことができたならば、これこそいついつまでもの語り草となって残るのであり、この話が種となって、あちらにもこちらにもたすかっていただく人ができてくるのであります。すなわちこの道聞き分けるということは、欲の心を去って心が澄みきるということであり、そこにこそ極楽世界を味わうことができるのであります。これこそが親神様の思わくの世界であります。わが身にまずこの境地を掴ましていただくことができた、これが話の種であります。この境地はお道でなければ味わえない。理屈や考えでは味わえない境地である。それを実行しなくては、その中に飛び込まなくては、味わえないのであります。蒔かねば生えないのであります。わが身にこのご守護を頂いて、初めて人様にもこのご守護を頂いてもらうことができるのであります。わが身に実行をしてたすけていただいた、その真のよろこびが、また人にたすかっていただく種となるのでありまして、わが身に分からないことが、人に分からせられるはずはないのであります。ちょうどわが身に身上かしもの・かりものの結構の分からん者が、人にただ口先で説いただけでは、たすかっていただけようはずはないのである。種がなくては生えてこない、たすける種がなくてはたすけられないのであります。自分がたすけさせてもらうならば私の種でなければならん、人の借りものの種ではなにもならんのであります。それは種のない話であります。

心が澄みきって、たすからん難病もたすけていただくことができたならば、これこそは万人たすけの種であります。一人たすけたら万人たすかると仰せくだされる種でありますごとく、種は一粒万倍であります。

このお道は楽しみである。一つの種を蒔いても生えてくる理は一粒万倍のご守護であります。あんな人がたすかった。その種から道はつくのである。親神様のご守護は一粒万倍であります。

教祖から教えられたこの道の話は、実にいついつまでもの話の種であるごとく、われわれお互いの道すがらも、これまたいついつまでも語り草として残るような種を蒔かしてもらわなければならんのであります。

六ッ　むごいことばをだしたるも　はやくたすけをいそぐから

この道の話は、人間心とは反対のものであるから、聞く人の耳には、なかなか痛い言葉にも聞こえるのであるが、これこそ子供可愛い親心なるがゆえであると、悟らせてもらわねばならんのであります。

たすけてやりたいとの、その親心と子供との間には、隔て心のないのが親心であって、そこには何の飾りもなければ、隔たりもない。正味の真実があるばかりであります。すなわち言葉はいかに現れても、たすけてやりたいとの親心の真実であります。子供がこの親神様の真実なる親心を掴ましていただいて、初めていんねんの悪い者もたすけていただくことができるのであります。この真実の心を掴ましてもらって、この親心にすがるのが、お道のおたすけを頂く姿であります。

さて、身上事情となってお知らせくだされるこれこそが、親神様のお言葉であります。子供が憎いからの身上でもなければ、事情でもない。可愛い子供の心の悪しきを直さんがためのきびしいお言葉であり、身上であり、事情であります。

これを素直にハイとわが心に受けさしていただいて、心の入れ替えをさせていただくよりほかに、たすかる道はないのであります。

七ッ　なんぎするのもこゝろから
わがみうらみであるほどに

天理の世界である。蒔いた種はみな生えるのである。米が欲しければ米の種を蒔け。麦が欲しければ麦の種を蒔けと仰せられるごとく、天理は公平であります。

明日に現れてくる善悪は、みなわが身が今日までに蒔いたものである。誰に恨みの持っていきようもないのであります。これがいんねんと申しましょうか、いんねんならば通らにゃならん、通って果たさねばたすかる道はないのであります。

さてこのいんねんというのは、決して今生（こんせい）だけではない。前生前生（ぜんしょう）のいんねんというものがある。これを悟らせてもらわなくては、なんでやろうなあという不足心が起こる。不足心を起こすようでは、いんねんの上塗りをしているようなものであって、切ってたすけていただくどころではないのでありますます。わが心にハイと、いかなる理が見えてまいりましても、治めて通らせていただくよりほかないのであります。わが心に治めるから、いかなることが見えても、起こっても治まる。相手が治まったから、わが心治まったというようなことを考えているから、またまた治まらぬことが起こってくるのであります。わが心に真実が治まるから、いんねんも切ってくだされるのである。いやなことでも、わが身にならんことでも、わが胸三寸に治めて通るから、わが悪いんねんも切ってくだされるのである。いやだとはね返すからたすからんのであります。

たすかるもたすからんも、これみなわが身、わが心にあるのでありますから、これほどたしかな安心な道はないのであります。この道は楽しみな道であります。蒔いた種もみな生えてくるのであります。

八ッ　やまひはつらいものなれど
もとをしりたるものハない

病はつらいものであるが、世界ではその元はなんであるかが、真に分からぬ。あれを食べたから、こうしたから、これが悪かったというように、考えるかもしれないのであるが、そこにはそうなってくるものがある。すなわちいんねんがあるのであります。その病の元は心からと仰せくだされて、その元を教えてくだされたのが、だめの教えである教祖のこの御教えであります。身上かしもの・かりもの教えの台とも仰せくだされ、これがだめの教えの根本であります。

金銭を山ほど積んでも、身上の解決はつかん、世の中の形のあるものは、何であっても金銭物資で解決がつくが、身上ばかりは親子兄弟であって互いに融通がつかんのであります。

このたすかる道を教えてくだされたのが、だめの教えなるかしもの・かりものの理のお話であります。次にかしもの・かりもののおさしづを引用さしていただきます。

身の内かしものや、かりものや、心通り皆世界に映してある。世の処何遍も生れ更わり出更わり、心通り皆映してある。銘々あんな身ならと思うて、銘々たんのうの心を定め。どんな事も皆世上に映してある。何程宝ありても、身の内より病めばこれ程不自由はあろうまい。自由自在心にある。
（明治21・1・8）

と仰せくだされてあるように、身上は心通りにご守護くだされるのでありまして、その心がわがの理であります。わが身上の自由自在のご守護は、わが心にこそあるのであります。ではいかなる心に自由自在のご守護を下されるのであるか、と申しますならば、次のおさしづを引用さしていただくならば、よく分からせていただくことができるのであります。

人間というものは、皆神のかしもの。いかなる理も聞かすから、聞き分け。心の誠、自由自在と。自由自在何処にもあらせん、誠の心にあるのや。身は神のかしもの、心は我がもの、心次第にかしものの理を聞き分け。（明治21・2・15）

と仰せくだされるごとく、誠の心にこそ、神様の自由自在のご守護を下されるのであります。すなわち人をたすける心が真実誠と仰せくだされるごとく、人だすけのために身上を貸してくだされているのである。神様のご用に身上を使わしていただいているなればこそ、身上のご守護も頂くことができるのであります。これが身上自由自在のご守護を頂く元であります。

身上悩む〳〵。身上悩むやない。心という理が悩む。身上悩ますは神でない。皆心で悩む。（明治34・1・27）

身上で悩む、悩まんはみなわが心一つの持ちようであります。親神様の親心はただ一つ、たすけてやりたいとの親心、その上からめいめいのいんねん借金を身上でお知らせくだされるのであります。

九ッ　このたびまでハいちれつに
　　　やまひのもとハしれなんだ

教祖によって、病の元をお知らせくだされるまでは、この元は誰にも分からなかったのであります。この元なる、なってくる理をおさえないで、これをいくら防ごうとしても、天理には勝てないのであります。地震には防ぐ法もない、津波(つなみ)には防ぎようもないごとくであります。

世界はみな、わが身わが欲、わが勝手のことばかりを考えている。これが病の元であり、これがいんねんをつくるのであります。わが身の勝手のよいことばかりするから、わが身上に勝手の悪いところができてくるのであります。病の元が分からないから、自分さえよくばよいと、わが身わが欲の心で世の中の人は通るのである。だから世の中から悪は絶えないのであります。わが身どうなってもと、人のため世のために通るので、わが身を親神様は守ってくだされるのであります。そのわが身どうなってもという心こそ、真実誠の心であります。親神様の受け取ってくだされる心であります。わが身どうなってもの精神で通るから、親神様が、わが身を連れて通ってくだされるのであります。

十ド　このたびあらはれた　やまひのもとハこゝろから

かくなってくるのは、その元はみな心にあるのであるから、その心の色を変えないで、いくら立派な着物を着ても、たすからないごとく、着物形では身上の解決はつかないのであります。その心の色を変える、心の入れ替えをするところに、いんねんも切っていただくことができるのであります。そのいんねんを切っていただくのがだめの教えである。教祖のお話、かしもの・かりもののお話であります。

病となるのも、病をたすけていただくことのできるのも、これみなめいめいの心にあるのであります。わが身のことを思う心が欲の心、これが病の種である。わが身のことを忘れて人のためにつくす心、これが病の根を切っていただくことにもなるのであります。

欲の反対、人のためにつくす心が、天理に適うのである。欲のない心、三才心、これが人間初めてお造りくだされた時に、人間に与えられた時の心であります。これが親神様の思わくの陽気ぐらしの心でもあります。

「よいもの食べたい、よいもの着たい、よい家に住まいたいと思うたらいられん屋敷やで。よいもの食べたい、よいもの着たい、よい家に住まいたいとさえ思わなかったら、何不自由ない屋敷やで。これ世界の長者屋敷やで」

とは教祖のお言葉であります。欲からはなれて、身上達者に結構に暮らさしていただくことができるなら、これ本当に長者の生活であります。われわれの生活に大切なものは、物よりも、身上結構とご守護を頂くその心こそが大切であります。宝を山ほど積んでの生活に、長者の生活があるのではない。無病息災にこそ長者の生活のよろこびがあるのであります。

(昭和二九、五、一七)

十一下り目

お道の精神が行いになって現れた時、それはひのきしんである、とも言い得る。本下りにおいては、主としてそのひのきしんについてお諭しくだされております。

お道は世界たすけである。おやしきのふしんは、きりなしふしんであるごとく、世界のたすけふしんが、おやしきのふしぎふしんであることを仰せくだされております。

教祖(おやさま)七十年祭を前にした今日、時旬(ときしゅん)の働きからいって、誠にありがたいお諭しを下されておる十一下りであります。おやしきには、きりなしふしんが、日夜勇ましく陽気にすすめられておるからであります。

一ッ　ひのもとしよやしきの
かみのやかたのぢばさだめ

かみのやかたとは、いうまでもなく、直接の意味は神殿ということになりましょう。が、これを大きく悟らせていただくならば、神様のご用をなさる建物が、かみのやかたでありましょう。その建つべき土地のぢば定めでありますから、その建築の地固めというような意味でありましょう。

さて、おやしきの神のやかたなる神殿に限っては、いわゆる世間の普通の神殿とは、全く違うのである。そこには大きな意義があるのであります。というのは、その神殿はどこに建ててもよいのではない、その建つべき所なるぢばは、世界広しといえども一カ所しかないのであります。ではその唯一の場所とはどこであるか。ひのもとしよやしきの中山五番屋敷であります。中山五番屋敷こそ、人間を初めてお造りくだされました元のやしきであって、そのおやしきのぢばというのは、人間初めてお宿し込みくだされた身の内のほん真ん中であって、そこに人間を宿し込まれた証拠にかんろだいを建てられる場所であります。であるから、そのかんろだいの建てられるぢばこそ神のやかたの建てられる中心であります。

そのぢば定めが、明治八年旧五月二十六日に教祖によってなされました。すなわちその前夜、まず教祖には自ら庭をお歩きになって、わが足の動かなくなった所をぢばと定めおかれて、翌日なる二十六日の昼時、こかん様をはじめ数人の信者たちにも、その庭を目かくしをして一人一人歩かされ、その人々も教祖が前夜にお歩きになって定めておかれたその同じ地点にて、足が地に吸い付くようになって動かなくなりました。そのぢばためしをなされ、そこをぢばとお定めくだされたのであります。

さて、神のやかたの建築には、どうした意義があるのであるか。この神のやかたのできるということは、世界の立て替えができるということである。世界の人がたすかるという結果になって現れるのであります。形は物や金で出来上がる建築であっても、そこには世の人々の心のふしん、理のふしん、心の入れ替え、身の立て替えなる身のご守護を頂かれたそのよろこびが、形のふしんとなって現れたのが、神のやかたのごふしんであります。すなわち、これみなひのきしんによって出来上がったふしんが神のやかたのふしんであります。

明治八年旧五月二十六日に、神のやかたのぢば定めがなされました。と共に、おやしきにはきりなしふしんが始められたのであります。おやしきのふしんに限りましては、みながよろこび勇んだ陽気なひのきしんでできたものであってこそ、親神様にも教祖にもお受け取りいただけ、およろこびもしていただくことができるのであります。

こゝはこのよのもとのぢば　めづらしところがあらはれた

と仰せくだされるごとく、珍しいご守護を頂くために、おやしきに心つくさしていただいたその形の現れがおやしきの姿であり、また珍しいご守護を頂いたそのよろこびの心が形になって現れたのが、おやしきの姿でもあるのであります。

二ッ　ふうふそろうてひのきしん
これがだい〻ちものだねや

この世の中というものは、月様が日様にお談じになって、ない人間ない世界を造ろうやないかと、お二人のご相談の上からお創めくだされたので、月日様こそこの世の中の元であります。そして月様は水、日様は温み、これがこの世の中のご守護の根本であります。このご守護の理を、夫婦の理によってお見せくだされているのであります。

ちよとはなし　かみのいふこときいてくれ　あしきのことはいはんでな
このよのぢいとてんとをかたどりて　ふうふをこしらへきたるでな
これハこのよのはじめだし

と仰せくだされているように、天は月様、地は日様であるごとく、天は父の理、地は母の理とも仰せくだされるのである。この月日ご守護の理を、夫婦において、二人が心を一つに揃えて、わが人間心を捨てて神に受け取っていただく精神で通るならば、これがご守護を頂く種であると、「二つ一つは天の理」であるとのご守護の理を仰せくだされるのであります。

実際問題として、夫婦が揃ってひのきしんをさしていただく、これほどありがたいこと、楽しいことはないのであります。お道の信仰上、これが一番に大切な、肝心なことであります。この道通らせていただくには、どこまでも夫婦揃うてでなければならんのであります。

これは私の家の話でありますが、明治十六年のおやしきにおいて、雨乞（あまご）いづとめのあったあの大旱魃（かんばつ）の時の話であります。おやしきにおいて、村方からの頼みによって、雨乞いづとめをなされたのであります。願い通りご守護を頂かれました。伊三郎父はそのおつとめに出さしていただいておられました。おさめ母が、わが家の在所の七条村（おやしきより五十町ほど西に当たる）から東の方を見ておられると、夕立の黒雲がいっぱいに広がって、大雨の降っている様子も見えておりました。そしてやがて七条村にも、おやしきで雨乞いづとめをせられたために、教祖なり先生方が警察に引かれていかれるというような様子も、誰いうとなく、伝わってきたのであります。

それで母は引かれ行く父に、一目でも会えたらという思いでおやしきへ向けてかけつけてこられました。川原城（かわはらじょう）の四つ辻（つじ）の所まで来られますと、腰縄（こしなわ）付きで引かれていく父に出会われました。母は思わず父の耳に、「家のことは私がおりますから、子供のことも老人のことも心配をせずに、神様のためならば、何日でもよろこんでつとめさしてもらいなさいや」と一言、こうささやかれたのでありました。母のこの一言の言葉を聞いてから、「お道のためならば、家のことも子供のことも気にかけず、生命がけで働かせていただくように、腹が据わったのや」と、父がこう話されたことがありました。これは一例ではありますが、お道のご用の上で働かせていただくには、どこまでも夫婦が一つ心になるということは、何よりも大切なことであります。

夫婦が一つになるということは、月日二つで一つの天理のご守護の世界であるごとく、二つであって一つになって家が一つに治まる元である。家が治まって国が治まる元である。世界が治まるご守護を頂く元であります。

すなわち温み、水気(すいき)五分(ぶ)五分で一つのご守護があるごとく、夫婦が二つ一つに抱き合うところに神様に受け取っていただくところのものがある。ここに月日のご守護をお見せくだされるのであります。夫婦が二人の心を一つに揃えるということは大切なことであって、これが一手一つのご守護を頂く始まりであります。

夫婦の理を人間形の夫婦のように、軽く人間を見て考えるから、神様のご守護も頂けない。月日のご守護を夫婦の理において見せてくだされることを忘れてはならん。体内に宿し込むのも月日なりと仰せくだされますように、夫婦二人の中に子供をお与えくだされるのであります。

夫婦は男女であっても、五分五分であります。どちらが偉い、どちらが下の区別があるのではない。天地ともいい、温み水気ともいい、「ぢいとてんとをかたどりて、ふうふをこしらへきたるでな」といって、ふうふの時には、手は右の手を上にして、「ふうふをこしらへ」と夫婦の理を現すように、上も下もない五分五分であることを教えてくだされるのである。であるから、この神様を信心さしていただくお互いは、わが女房はあかんといって、尻に敷いておるようなことでは、いくら神様にお願いをしても、神様は聞いてはくださらんのやで、と父から聞かしていただいたことがあります。

夫婦と申しましても、必ずしも夫婦だけの問題ではないのであります。夫婦といえば裏と表であるごとく、また上と下、固いものとやわらかなもの、温みと水気、今のお道の組織である教会の上からいうならば教会長と役員、これみな二つ一つの理であります。

会長という、会長ありて下、下ありて会長、俺という我という理は添わんによって、この順序から治めるなら、皆んな治まるで。（明治31・10・26）

とおさしづに仰せくだされるがごとく、会長があって下、下があって会長でありまして、おれがあるからというようなわが身のがを出すようなことでは教会は治まらんのであります。互いに持ちつ持たれつ、立て合うて心を一つにするところにご守護があるのであります。二つ一つの理に心を揃えることこそ、二つ一つは天の理と仰せくだされるごとくご守護の根本であります。これをよく分からしていただけるように、夫婦の理にて教えくだされておるのであります。

三ッ　みれバせかいがだん／＼と もつこになうてひのきしん

この道の結構を聞き分けて、おやしきのひのきしんにだんだん寄り集まってくる。いかにも道のだんだん大きくなっていく姿を仰せくだされておるのであります。

道の大きくなっていく姿は、おやしきのひのきしんの姿、また世界にひのきしんの姿の広まっていく姿でもあります。

だんだんに親神様の親心が分かってきて、おぢばにつくし運ぶ者がだんだん増えていく様子を仰せくだされておるとも悟らせていただけます。

　ふしぎふしんをするなれど、誰(たれ)に頼みは掛けん。皆寄り合(お)うて出来たるなら、人も勇めば神も勇む。ふしぎふしんをするからは頼みもせん。（明治23・6・17）

神様のふしんは、形のふしんではない。皆が親心を知って、道の精神が分かって、わが心からよろこび勇んで運んでこそ、神様のおよろこびになるごふしんである。不思議なるご守護を頂くふしんであり、不思議なるご守護を頂いたよろこびの心が集まって、形に現れたのがおやしきのふしんであります。

またひのきしんといっても、必ずしも形のもっこだけのひのきしんではありません。大きく悟らせてもらって、向こうの心にのって、その心に合わしていくことも、これひのきしんであるとも聞かしていただいております。ひのきしんというものは、さしていただく者の本心から出たことでなければならんと共に、先方の方によろこんでいただく、満足をしてもらう心の現れがひのきしんであります。そこにはわが身のための利害があってはならないことはいうまでもありません。

おやしきには、一人残らずたすけ上げずにはおかんとの、教祖の親心の伏せ込まれているのであるから、世界の子供がだんだんと水の低い所に流れ込むように、おやしきを思うて帰ってくるようになるのであります。

この話は私のおさめ母が、明治七年の秋、わが身の持病を結構におたすけいただきましたので、そのよろこびのあまりおやしきに帰らせていただいて、いろいろご用をさしていただかれた時の、教祖のお諭し話であります。もちろん、母の結婚する前のことであります。

持病をたすけていただかれたよろこびで、おやしきに帰らせていただいて、稲こきやら豆かちやらと秋の百姓仕事もすみましたので、それにその日は雨も降っておりましたので、教祖から、おいとまを頂いて、一度七条村（わが在所）へ帰らせていただくと申して、挨拶をされました。すると教祖は、その側におられたこかん様に、

「このしゅう、用事を出さんから帰るというてやが、用事さえ出せば帰るというてやないのやで」

と仰せくだされました。それでさっそくこかん様には「糸つむぎ、糸よりでもするように」と親切にお出しくだされましたので、母はよろこんでその仕事をさしていただいておられました。すると教祖には、わざわざそこへお越しくだされまして、母の肩を持って、

「なあ、帰ったかと思ったら、いてくれてやったのかいなあ」

とやさしく仰せになりまして、母のさしていただいておる仕事をご覧になり、その仕事を待って「ありがとう」と仰せになり、さらに、

「なあ、このやしきは、なんぼでも手が要るがな、要らん手は要らんなあ、まにあわん手は要らんなあ、おまはんらにしても、年ごろはほしい物ばかりや、娘盛りやもの、それでもこうしておやしきに

おられては、年とって不自由しようにも不自由でけんでなあ、自分のものと思えば自分のもの、自分のものであるから、楽しんで先は結構になるのやで」と噛（か）んでふくめるように、母に話して聞かしてくだされました。いかにもおっしゃるように、十八といえば道の話もまだよく分からない娘盛りでありました。がこの教祖の親心こもるお話は、母の一生涯忘れられない言葉となってのこっているのであります。

道の結構が分かった者は、皆おやしきへおやしきへと帰らせていただかずにはおられないのでありませす。そしてさせていただいたご用は、その何人（なんぴと）であろうと、その徳はみなわが身につけてくだされるのであります。そしていくらでも手が要るのやでと仰せくだされておるように、道が大きくなっていくだけに、おやしきのご用をさしていただく人もだんだん増えていくのであります。今日のおやしきのひのきしんの姿、これが今日のお道のたすかっていただく姿であります。

四ッ　よくをわすれてひのきしん　これがだいゝちこえとなる

道のために、わが身の欲を忘れてつくさしていただいた、働かせていただいた、その徳は必ずしも形ではない。が、ご守護となって現れることは決して間違いないのであります。

明治十六年おやしきにて雨乞いづとめのあったその夏のことでありました。家ではわが百姓もしておられたのでありましたが、伊三郎父は、わが家の百姓を放っておやしきに帰らせていただいて、おやしきの百姓仕事をさしていただいておられました。すると家から使いが来まして、水がないので農井戸を開けて皆が水くみで喧しいことや、子供も年寄りも皆田の水くみに出ておるのに、伊三郎さんの顔が見えないといって、隣近所は喧しいことや、それで帰ってどうか顔を出してくれ、といって使いがおやしきに来ました。しかし父は、わが家の百姓はどうなってもよいという気でおやしきの百姓を手伝わしていただいておるのであるから、家には帰らんと返事をして使いを帰らせました。

が、後からよくよく思案をすると、自分は神様の結構が分かっているから得心はできているが、神様のお話の分からない隣近所の方々に不足をさせるということは、これは申し訳ないことであると思い返されて、教祖に一度帰らせていただきますといって、わが家に帰らせていただかれました。そして帰るなり、母と共に夜の更けるまで、田の水くみをさしていただかれましたが、わが田には一滴の水も入れずに、人様の田にばかり水を入れさしてもらわれました。それでも母だけは、その後で神様にお願いした神水を茶碗に入れて、藁の先でわが田の周囲に打ち水をしてまわられました。

翌朝になって、夜の明け方に、母がわが田はどうなっているかと見まわりますのに、わが田には一滴の水も入れた覚えはありませんが、田一面に水を引いて入れた後のように、一面に水の光が浮き上がっているのでありました。実にこうした不思議なご守護を頂かれました。そしてその年の米の出来高はどうであったかと、私が母に尋ねますと、藁は短かったが、出来高は、六分出来のご守護を頂いて、村中で一番の上出来であったと話されました。

これが神様のご守護、天理のご守護であります。理屈では分からないが、ご守護となって現れることは事実であります。おやしきはご守護の根源地であり、わが身わが欲を離れてのひのきしんから来たことであるならば、その理は物質ではないが、ご守護となって現れることには決して間違いはないのであります。

道のつくし、運びは楽々ではありません。が、苦しければ苦しいだけに、それをよろこび勇んで通るならば道の肥やしであります。わが身のたすけていただくことのできる肥になるのである。わが身の成人にはなくてはならん肥となるのであります。

欲と天理とは反対である。神様のためにわが身忘れて運ばしていただく、人のため、世のためつくさしていただくから、神様のご守護、天理のご守護も頂くことができるのであります。

土持々々と言うたる。日々どんな中にも厭わず、国に一つの事情の中も厭わず、心楽しんで来る。一荷の土どういう事に成るとも、何ぼのこうのうに成るとも分からん。（明治40・3・13）

とも仰せくだされるのであります。

明日の徳は今日までのつくした理、働いた理であります。

つくした理、働いた理だけがわがもの。この理から頂いた徳は、火にも焼けない、水にもおぼれない、とお聞かせくだされるのであります。

五ッ　いつ〳〵までもつちもちや
まだあるならバわしもゆこ

お道の通り方は、いつになっても、土持ちをさしていただくような精神でなければならん。低い心で働かせてもらわねばならんのであります。あなた一服しなさい、私がやらしてもらいましょう。あなたが行かれるなら、私もやらしてもらって土持ちをさしてもらいましょう。これが道の精神である。世界の人間思案からいうならば、土持ちがあるならお前行け、私は一服しておるというのが、これ世界の通り方であります。が、お道の通り方は、私がやらしていただく、あなた一服をしてください、というのがお道のひのきしんであります。これが道の生命であります。道にこの精神のある限りにおいて道は永久であり、道のきりなしふしんは永久に続くのであります。これに参加さしてもらわねば、たすけてはいただけんのであります。

神のやかたの完成は、世界たすけのふしんの完成であるから、なかなかこれは一朝一夕（いっちょういっせき）にはできるものではありません。いついつまでも土持ちやと仰せくだされるように、いついつまでもこのために努力さしてもらわねばならないのであります。

おやしきのご用は、一人たすかるためのふしんではないのである。世界の人みんなのたすけふしんであるから、それだけ大きな仕事であることを覚悟せねばならんのである。ところが小さな人間心で思案すると、これが大き過ぎて力にあまるようにも思うのであるが、これはわが人間心が小さいのであって、わが人間心の小さい上から神様の大きなご用に不足をするようでは、誠に申し訳もないことであります。

昭和二十九年四月二十六日の午後、おやさとやかたの起工式を東やしきでご執行くだされました。あの時のそれに参加さしてもらった者の気分、なんといってよいか、大きいというか、豪壮というか、言葉には言いつくせない感じを与えられたのであります。その時真柱様には、左記のごとく石に銘記くだされまして、これをお鎮めくだされたのでありました。

維　時

昭和二十九年四月廿六日
おやさとやかたのふしん
を始むるに当り
かんろふだいのぢばを
距(へだた)る真東
四町のところに銘し
之(これ)を鎮む

真　柱

中　山　正　善

十一下り目

この時の気分は、われわれにおいて、一生涯忘れることのできない感激でありました。孫子にまでこの感激を伝えたいと思うと共に、この未曾有（みぞう）の感激の場面にお遇（あ）いできずにこの世を去られた初代のご苦労を思うにつけ、自分の今日のありがたさに、またまた言い知れぬ涙を覚えたのであります。

六ッ　むりにとめるやないほどに　こゝろあるならたれなりと

おやしきのご用というものは、誰彼の区別のあろうはずはないのである。皆がたすかってもらわねばならぬご用である。来るというならば、誰でも彼でもさしてもらわねばならんのである。

来る者はよし、来る者だけは寄りてくれ。来ん者に来いとは言わん。来る者は皆寄りてくれ。

（明治29・10・10）

来る以上は心からでなければ受け取っていただけないのである。であるからおやしきに運ばれる人の心こそ、止めようと思うて止まらんのが、その人の心であった。決して軽い出来心ではない。いかなるものをしても止まらんのが、おやしきに通う心であった。この心を受け取ってくだされるのである。

さあ救（たす）けにゃならんが神、救からにゃならんが精神。

（明治38・7・4）

おやしきには、一人残らずたすけ上げずにはおかんとの親神様のおいでになることは事実である。

この親神様がおいでになるから、必ずしも皆がたすかるとはいえない。そこにはたすけていただく心、精神がなければならぬ。神様に受け取っていただく種がなければならんのであります。

この話は、明治二十年の旧八月のことでありますから、教祖が現身をおかくしなされて後のことであります。南海の初代会長様である山田作治郎先生が、初めておやしきにお帰りになった時の話であります。先生は身上の上を、はるばると紀州から、大阪の病院に入院するために、畑林為七先生と同道されて、山越えで来られました。その途中宿屋で泊まられた時に、ふと紀州で、大和の庄屋敷に生き神様がおられるということを人から聞いたのを思い出されて、大阪に行くべきその足が、庄屋敷なるおやしきに向けられたのでありました。そしておやしきにおられる取次の先生から、結構なるこの神様のお話をお聞きになって、その場で次のように精神を決められたのでした。

「この訳がらを知らないで、病に苦しんでいる者は世間にどれだけあるかも分からない。幸いに一命を残してもらえるようであったら、国へ帰って、神様のお話を知らない世間の人々に伝えて皆にたすかってもらわねばならん」と精神を堅く決められました。そしてその場で五十円をお供えせられたのでありました。

それから川原城のわが宿に帰ってこられると、先生が畑林さんにいわれるのに「すっかり身上はよくなった。どこも悪いように思わぬ」といわれるほどにも、手のひらを返すような鮮やかなご守護を頂かれました。なんとありがたいことではありませんか。この時先生の足が、国元を出られる時の予定通りに大阪の病院に向けられていたら、今日のあの大きな南海の道はなかったかもしれないのである。が、先生の足がおやしきに向けられたということになったについては、そこに親神様の先生に対する大きな思わくがあったのであると、悟らせていただくことができるでしょう。

おやしきには、一人残らずたすけ上げずにはおかぬ、との親心をもって、親神様は待っておられるのである。その親心を知って、親神様にたすけていただけるだけの精神を定めさえすれば、いかなる難病もご守護いただけるのであります。

身上はご守護を頂かれたのでありましたが、帰途せっかく大阪に行くといって来たことであるから、大阪の病院で診察してもらわれました。医者の診断では、やはりどこも悪いところはないということであります。

それから紀州にお帰りになるや、精神定めのごとく、道のおたすけにお働きくだされました。その道が、ただいまの大きな南海の道であります。

変わらぬが精神定めと仰せくだされるごとく、たすけてもろうた時の精神が、その人の終生通らせていただく精神でなければならんのであります。

幾日も幾日もおやしきに滞在しておられたわけではなかった。ただの二、三日の滞在で、こうした鮮やかなご守護を頂かれたのでありました。ありがたい道ではありませんか。

七ッ　なにかめづらしつちもちや
これがきしんとなるならバ

なんと珍しい土持ちではありませんか。こうしてさしていただく土持ちが、珍しいおたすけを頂く神様への寄進（きしん）となるのであります。

こゝはこのよのもとのぢば　めづらしところがあらはれた

この珍しいご守護を頂くための土持ちであり、寄進であります。

形は土持ちでありましても、それが神様に対する寄進である以上は、珍しいご守護を頂く種であります。

たすけとても一日なりともひのきしん、一つの心を楽しみ。たすけふしぎふしん、真実の心を受け取るためのふしぎふしん。　（明治23・6・15）

と仰せくだされますように、たとえさしていただくことは土持ちひのきしんであっても、さしていただく日数はたとえ一日でありましても、おやしきのためのひのきしんであると心楽しみ、よろこび勇んでさしていただく。その心が、神様のおよろこびくだされるお心であります。これが不思議なおたすけを頂くふしぎふしんの形となって現れるのであります。

遠方から、はるばる高い旅費を払って、四日五日の土持ちをさしていただくだけでは、実にこれでは勘定の合わないようにも人間心には感じられるのである。これは道の者でなければ、よろこんでさしていただけないことであります。実に珍しいことであります。そこに金銭では解決のつかない、珍しいご守護となって現れるのであります。

これを思わしていただく時、近い者はなおさらよろこび勇んでつとめさしていただかねばならんのであります。

八ッ　やしきのつちをほりとりて
ところかへるばかりやで

おやしきには、それだけのご守護を頂くだけの理があるのであります。月日親神様・教祖のお待ちになっておられるおやしきであります。

おやしきのご用は、そのご用の上下、善し悪し(あ)をいうのではない。おやしきのご用をさしていただく者の心の善し悪し、真実のあるなしが問題である。人をたすけくだされる親心のいっぱいに満ち満ちてあるおやしきであります。おやしきのふしんはきりなしふしんであります。

切り無し普請(ふしん)始めたる。こちらへ建て、どちらへ建て、建てたり取りたり普請(ふしん)無いと楽しみが無い。そこで仮屋(かりや)普請、道普請。道普請なら切り無し普請と言うてある。（明治23・10・10）

実におやしきのふしんは、今日あの建物がここにあったかと思えば、明日はまたあちらにというように、目まぐるしいまでに、転々として遷(うつ)っていくのである。人間心からいうならば無駄(むだ)なようにも思われるかもしれないのであるが、それは決して無駄ではないのである。そのご用をさしていただくことによって、可愛い子供がたすけていただくという大事な結果を見せてくだされるのである。「建てたり取りたり普請無いと楽しみが無い」と仰せくだされるごとく、親神の楽しみというものは、家を建てたりこぼったりして、それを楽しみと仰せくだされるのではない。親神様の最もお楽しみとせられるのは、可愛い子供のたすかるということが、何よりのお楽しみであります。おやしきのごふしんのために、そこにはどれだけのたすかる人があるか分からないのであります。そのふしぎふしん、そのきりなしふしんこそが、おやしきのごふしんであるのであります。すなわち、形はおやしきのふしんであって、おやしきのふしんではない。可愛い子供をたすけるためのきりなしふしんであります。世界の子供の心の入れ替えであります。世界の子供の身の立て替えであります。すなわち世界の立て替えであります。かんろだい世界の建設であります。

九ッ　このたびまではいちれつに
むねがわからんざんねんな

今日までは、教祖のお諭しくだされるたすけ話、かしもの・かりものの理、ご恩報じ、ひのきしんのことも、何も分からなかった。従って親神様の御胸もすっかり分からなかった。親神様のたすけ一条の親心からしてみれば、これほどざんねんなことはないのである。たすけてやりたいとの月日抱き合わせのご守護の懐住まいをさしていただきながら、この親心に反対して、可愛い子供のたすからないこの姿、これほどの親神様のざんねんがありましょうか。

さて、月日親神様のざんねんの晴れるということは、今日まで親神様のお心が分からずに反対していた子供が、親心に感じて、たすけ上げていただくことができた時、初めて親神様のざんねんのお心が晴れられるのであります。なんとありがたい親心ではありませんか。

一人残らずたすけ上げずにはおかぬとの親心から、この道おつけくだされたのでありますから、道は次第に伸びていくことはもちろんであり、教祖の親心を慕う子供の次第に増えていくことはもちろんであります。

親子の間には隔て心のないのが親心、と仰せくだされるごとく、甲の人がたすかって、乙の人がたすからんというはずはないのである。同じ人間である以上は、いずれはたすからずにはおれないのである。いずれは親神様のお心のざんねんも晴れずにはおられないのであります。この深い親心を悟らしていただいた以上は、この親心に感じて、教祖におよろこびをいただくために、今日までのご恩報じの上から思案さしていただいても、しっかり働かしていただかねばならないのであります。これがお道の通り方であります。

十ド　ことしハこえおかず　じふぶんものをつくりとり　やれたのもしやありがたや

親神様のお心、教祖の親心が分かって、ご守護を頂くことができて、なんとありがたいことではないか。

おやしきを慕うて帰ってきた子供に、そして教祖の親心に感じて道一条の精神にならしていただいた子供に、おやしきから、おさづけを道の路銀として下されるのであります。

そのおさづけの中に「肥のさづけ」といって、お道最初のころに戴かれたおさづけがあるのであります。

土三合、灰三合、糠三合、以上合わせて九合、これだけの分量が、金肥四十貫一駄分のご守護があるという結構なおさづけであります。これは人間理屈では分からないご守護であります。

当時道の信者の中には、百姓の方々が多かったのである。道一条に通らしていただいた者には、百姓をしながら金肥を買うということは、これはなかなかできにくいことであります。そこでそうした者の路銀として、道の通りやすいようにとの親心から、肥のさづけを下されたのであります。

教祖の親心も次第に分かって、おやしきの結構も分かり、おやしきにつくさしていただき、道のため働かしていただいて、ご守護を頂ける種も蒔いて、肥やしもおけた上で、初めてお道の結構も分かってくる、なんとありがたいことではないか。これが道を通らせていただく者の結構、ありがたみであります。

この道の精神で通れば、天理の世界である以上は、十分なるご守護を頂くことができるのであります。

道に苦労さえよろこんでさしていただいたならば、十分なるご守護も頂くことができて、結構なる道に出していただくこともできるのであります。

苦労のないところに道はない。この道通らずしてたすかる道はないのであります。結構ありがたい道に出さしていただくためには、この道よりほかにないのであります。

よくをわすれてひのきしん　これがだい丶ちこえとなる

この精神がお道の精神、この精神さえ持っておれば、

じふぶんものをつくりとり　やれたのもしやありがたや

のご守護も頂けるのであります。

言葉は道の肥、（明治34・6・14）

教祖の親心から出たこの教えの言葉こそ、道を通らせいていただく者の心の肥になるのであります。その肥のきくか、きかんかは、わが心にハイときくかきかんかにあるのであります。わが心にハイと生かす理が、肥やしとなってわが身を生かしてくだされるのであります。

皆成らん中からする肥、肥というものは、早い目からせにゃ、出来やせん。どんな艱難も踏ん張りてくれ。

(明治37・12・14)

これが道の肥となるのであります。楽々の道には、道がないごとく、楽々の道には肥やしはおけないのであります。苦労の中もよろこび勇んで、道ならばとふんばって通らせていただくところに、そこに肥やしとなってご守護を頂けるのであります。これと反対に、結構にこの道通らせていただきながら、もしそれを苦にし、心配をして通らせていただくならば、なんの効能もないのであります。

心配は肥にはならん。

(明治24・8・19)

とも仰せくだされてあるのであります。

なんとありがたい楽しい道ではありませんか。いんねんの深いお互いには、苦労はこれつきものであります。それをよろこべ、勇め、生かせと仰せくだされるのであります。

まして今日は、七十年祭の道の働きをさしていただく真っ最中であります。肥やしをおかしていただく最中であります。よろこび勇んで、苦労を生かさしてもらわねばならぬのであります。

(昭和二九、六、一五)

十二下り目

道の成人、道の伸びて行く姿、ひいては世界の立て替えを、ふしんにたとえて、お諭しくだされている。そのふしんなる世界の立て替えのご用をさしていただく者を、大工にたとえてお諭しくだされている。道のよふぼく、おさづけ人こそ、ここで仰せくだされる大工であります。

一ッ　いちにだいくのうかゞひに
なにかのこともまかせおく

お道のご用、神様のご用とはおたすけである。そのおたすけは、何によってたすかるのであるか。すなわち心の入れ替え、身の立て替え、世の立て替え、かんろだい世界の建設ということになって現れるのであります。

このご用をさしていただくのが道のおたすけ人、よふぼくでありますから、このご用をする人を大工と仰せくだされて、いろいろとお諭しくだされているのであります。

この道のご用は、きりなしふしんとなって現れるのである。このきりなしふしんをさしていただく者こそ大工である。おたすけ人である。この大工の上に立つ者は棟梁である。この棟梁が、なにかと指図をするのである。

道のご用は神様のご用、であるから、まず神様のお心通り、おさしづ通りにさしてもらわねばならん、神様の思わくに従わなくてはならん、人間心ではご守護を頂けるものではないのであります。その神様のおさしづを、伺い棟梁を通じて、指図をせられるのであるから、なにかのことも、その指図通りに運ばねばならんのであります。

本席様なる飯降伊蔵先生は、大工でありました。そして扇のさづけを戴いておられる方でありました。

さて、扇のさづけというものはいかなるものであるかといいますと、扇のさづけを戴いた者は、扇の伺いをすることができるのであります。では扇の伺いとはいかなるものであるかと申しますならば、扇の動きによって神意を悟らせていただくことができるのであります。たとえば、扇の伺いの扇が巽に動いたならばその病人はたすけていただけるとか、あるいは艮に動いたならばその病人は身上出直しであるというように、その動きによってのみ、神意を悟らせていただくことができるのであります。が不心得にも、これを悪用する者があって、たとえば針ヶ別所の助造のごとき者があったために、扇のさづけというものの理を取り消してしまわれたのである。

当時四、五十名ほどの人が戴いておられたのでありました。ところが、飯降伊蔵先生なる本席様のみは、特に言上の伺いといって、神意が言葉で出ることを許されておられた方であった。それで飯降先生のことを、本席になられるまでは、ほこりの仕事場といって、身上事情のことについて願ってこられる場合には、ほこりの仕事場の方へ回れといって、教祖ご在世当時からも、こうしたご用を許されておったのであります。それで「だいくのうかゞひに　なにかのこともまかせおく」と仰せくだされているのであります。

飯降伊蔵先生が最初ご入信なされておやしきに帰ってこられた時、「思わくの大工が来た、八方の神が手を打った」というような意味のことを教祖が仰せになっておられます。この飯降伊蔵先生こそ、後に、教祖がお姿をおかくしになって間もなく、錦の仕事場になられ、かつ本席の理を戴かれておさづけの理をお渡しくだされた、重き理の勤めをなしくだされたのであります。

さて、なにかのことも大工の伺いにまかせおくと仰せくだされてあるのでありますが、これは決して、飯降伊蔵先生なる本席様になにかのこともそのご意志に従うということではないのであります。というのは、飯降先生は人間であります。人間でありますが、ご神意をお取り次ぎくだされるお方であります。これを明瞭にしておかなければならぬのであります。すなわち飯降伊蔵先生の口から出たおさしづではありますが、そのお言葉は先生のご意志ではないのであるから、おさしづを側なる者が書き取って、後から、ただいまはこう仰せくだされましたと申し上げて、ご承知くだされたのであります。すなわち、教祖の場合と本席の理とは、はっきりと違うのであります。

本席様の場合は、左のおさしづのごとくである。

席に入り込んだら神やで。なれど、入り込まん時は人間やで。（明治40・4・12）

席と言うたら、同じ人間である〳〵。なれど、席に立って諭すは、天よりの諭である。（明治33・4・3）

席という、席の心さしづは、席の心のさしづと必ず思うな。（明治30・8・14）

人間の心なら二つに一つは間違う事はあろ。入り込んで居るならこそ、間違うた事は無い。（明治26・2・6）

表へ現われてさしづする理は、をや存命一つ、教祖の理という……。（明治34・5・15）

教祖は、口は人間、心月日であります。すなわち、

しかときけくちハ月日がみなかりて
心ハ月日みなかしている　十二　68

とおふでさきにあるごとく、これが教祖であります。でありますから、本席様の場合は、どこまでも神意の取り次ぎである。教祖のお心の取次者である。しかもその席につかれた場合だけのものである。

「人間といふ取次という。これまでにも見分けてくれ、聞き分けてくれと、だん〳〵諭し、取次には席の位まで付けてある」

十二下り目

と仰せくだされるごとく、本席様は取り次ぎ上の席であります。

二ッ　ふしぎなふしんをするならバ
うかゞひたてゝいひつけよ

道のご用、おたすけは、ふしぎなたすけをさしていただくことであり、ふしぎなふしんであります。ふしぎなおたすけのご守護を頂くためには、神様の思わくを、しっかりと悟らせていただかねばならんのである。神様がさしてくだされるのである。すなわち神意を伺って、そのおさしづによって、いろいろとさしづ通りにせねばならんのであります。

この道は人間力の道ではない。人間のつくす真実にのって、親神様にお働きいただく道である。わが力、わが心でなくして、神一条の道であります。

言葉をかえていうならば、ぢばの理に添うて、ご用をさしていただくというのが、道の通り方であります。

「鏡やしきから打ち出す言葉は、天の言葉である」

「みちをおさめる真柱」

形をもっていうならば、真柱様のお心に添うて、道のご用をさしていただくということになる。お互いは真柱様のお心、おさしづのまにまに勤めさしていただいているのであります。

身上事情も、心の入れ替えをさしていただいて身上のご守護、事情の解決もさしていただくことができるのであります。

心の入れ替え、精神定め、これが形になって現れてつくしとなり、運びとなるのであります。これがきりなしふしんの形となって現れるのであります。そこには、ふしぎな身上のおたすけも頂ける。このふしぎなるご守護を頂くのは、神意に適った心、神意に添わしていただくからである。すなわち人間心をすてて、ふしぎふしんに参加さしてもらわねばならんのであります。可愛い子供をたすけくだされる身上であり、事情であり、可愛い子供をたすけくだされるためのふしぎふしんであります。

形に現れたふしぎふしんは、どこまでもふしぎなるご守護を頂いたものでなければならんのである。ここに神様のおよろこびになるふしぎふしんが、おやしきに出来上がるのである。神様は、必ずしもふしんをおよろこびになるのではない。

神様の思わくに添う心であるから、ふしぎご守護も頂ける。そのための神様へのお伺いである。そのお伺いに添わしていただくためのご用であります。

人間心のふしんであってはならない。心のふしん身のふしん、ふしぎなたすけふしんである、きりなしふしんでなければならない。世界の立て替えふしん、かんろだい建設のふしんであります。

このやしき鏡やしき。曇り有りては鏡やしきとは言えん。言う事する事違うたら治まらせんで。これだけ諭し置く。遠慮は要らんで。遠慮するから治まらん。神のさしづを受けて遠慮して居て

は、さしづ要らんもの。後へ戻る方が多い。何もならんようになる。遠慮するから事が遅れて来るのやで。（明治28・5・12）

神様のおさしづであるならば、どこまでも人間心を交えず、そのままを、なんの遠慮もなく流さねばならんのである。人間心のない澄んだ理が鏡やしきの理であります。

扇の伺いも、人間心をもって諭す者もできたので、道の早くから扇のさづけはお止めになったのであります。これが道の害をなしたのであります。

ふしぎふしん、ふしぎたすけふしんをさすためには、どこまでも教祖のおさしづの精神によってさしてもらわなくてはならんのである。でなければ教祖のご守護も頂けないのであります。

三ッ　みなせかいからだん〳〵と　きたるだいくににほいかけ

このおやしきに帰ってくる人は、皆いんねんがあって、親神様から引き寄せられる者である。であるから、その方々には、よくお道のにをいがけをして、将来お道の上に、親神様のよふぼくとして、働くようになってもらわねばならんのであります。

おやしきに来るということは、これみな親神様の思わくがあって引き寄せられるのであります。しかもこのおやしきは、世界中の人間がすべて帰ってこなくてはならぬ、元のぢば、親里である。このおやしきであるということを、よくめいめいの心におさめておかなくてはならんのであります。

さて、この道に一日でも早く引き寄せていただいた者は、一日でも兄である。兄ならば兄だけのことをさしてもらわねばならん。すなわち道の精神なる真実、親心で接しなくてはならんのであります。これがにをいがけであります。

真実なる親心とは、月日の親心をめいめいの身の行いで現さしてもらうこと、これが道のにをいがけであります。月日の親心、すなわち温(ぬく)み水気(すいき)の親心であります。

おやしきに帰ってくる者は、みな兄弟である。初めての者であっても、兄弟の理でつながしてもらわねばならぬ。こうしてつなぐ兄弟の理がにをいがけとなって、道はだんだんと世界にも広がっていくのであります。こうしてつなぐ理に親神様も働いてくださるのであります。道は次第に大きく伸びていく、これみな教祖の親心でつながしてもらわねばならんのである。つなぐ親心は温み水気、温み水気はこれが肉である。教祖のお心とはたすけたいとの親心、この温み水気の親心が肉となって、つないでくだされる。この親心をもって道のにをいがけをさしてもらわねばならんのである。おやしきに来る者は、いかなる者であっても、みな道のご用になる者である。世界の立て替えの大工であります。この大きな月日の親心でつながしてもらわねばならんのである。道は取り次ぐ言葉一つの理で、いかなるにをいがけにもなるのであります。

「言葉は道の肥」

「ひとことはなしはひのきしん」

「一人たすけたら万人たすかる」

ともお聞かせくだされている。

今回（九月十九日）の国体に、水泳選手が全国からおぢばに集まってこられるのであります。これみな教祖の親心から出た大きな思わくであると悟らせていただきます。この際めいめいの心一つで、いかなる大きなにをいがけともならしていただくことができるのであります。どうでも教祖の親心をもって、道のにをいがけとならしてもらわねばならんのであります。親里おぢばに引き寄せてくだされたこの親心を思案する時、これ実に時局がら、教祖から与えられた全国的のにをいがけの旬（しゅん）であります。お互いの責任は軽くないのであります。

四ッ　よきとうりやうかあるならバ
はやくこもとへよせておけ

道のご用はきりなしふしんである。このきりなしふしんのためには、これこそというような、道の上に立派に働くという人があるならば、早くおぢばに引き寄せておかねばならんのである。

おやしきは世界中の人間みんなが帰ってこなくてはならん所である。であるから、おやしきではいろいろとお仕込みもせねばならん。おやしきには働く手はいくらでも要る。これで余るということはないはずである。その代わりに、遊ぶ手は一人も要らんと仰せくだされるのである。従っておやしきに勤めさしていただく者は、まず第一に親神様のお心に適う、よき棟梁でなくてはならぬのである。これがおやしきにおらしてもらう者の自覚である（これは単に、いわゆるおやしきのみの問題ではない、教会の問題でもある。また大きく悟らせていただいて、道の者の自覚とも悟らせてもらわねばならんのである）。

おやしきからは、清らかな水を流さねばならんのである。そのお互いが人間心では、おやしきの清らかな理に添わないのである。心の澄んだ理が鏡やしきともお聞かせくださるのである。心の色のない、人間心のない人、誠真実の心の人でなければならんのである。すなわち人間の思う形の智者学者でもない。神様のご用をさしていただく人、しかも神様のご用をさしていただく人の手本雛型（ひながた）になるべき人であります。これが、よき棟梁があるならば、早くおやしきによせておけ、と仰せくだされる、そのおやしきにおるべき者の心がまえ、自覚でなければならんのであります。

五ッ　いづれとうりやうよにんいる
はやくうかゞいたてゝみよ

いずれはいろいろご用の上から、四つの種類のご用も、さしてもらわねばならんのである。だから、誰それはどのご用というように、大工（おさづけ人）を引き寄せて、早く定めておかねばならんのである。神様のご用であるから神様のおさしづを頂いて、神意に適(かの)うた者でなければならんのであります。

四人の棟梁ということについては、後のお歌で申し上げることにいたします（九ッ　これハこざいくとうりやうや……参照）。

六ッ　むりにこいとハいはんでな　いづれだん〳〵つきくるで

棟梁ともなるべき人は、たくさん必要である。がいずれはだんだんに先方から帰ってくるようになるのである。身上や事情によって、引き寄せられるのである。

いんねんのある者には、おやしきにいんねんのある者には、

「一ぱしはどん底に落とし切って、そしてつれて帰るのである」

とも教祖からお聞かせくだされたのであります。可愛いから、たすけてやりたいから、おやしきに引き寄せられるだけのいんねんのある者であるから、身上である事情であるというふうにして、引き寄せてくだされるのであります。

このおやしきに帰る者は、遊び半分に帰ってくるのではない。身上事情の上から、どうでもたすけていただきたいと帰ってこずにはおられない者が、帰らせてもらうのである。この道は形の道ではな

い、心の道、真心の道である。それを受け取ってくだされる道である。心にもないことをしても、見抜き見通しの親神様には、よく分かるのであります。

おやしきこそは帰る所であるから、いずれは皆が帰ってこなくてはならん所である。遠回りをしてでも、いずれは帰り着く所、しかもわが心から帰らせてもらわねばならぬおやしきであります。

教祖ご在世当時、連れ人を誘って帰ってきた時に教祖はお出ましくださらなかったのである。わが心からは、帰らずにはおられない心から帰ってきた時には、夜中でもお出ましくだされて、いろいろとお諭しくだされたのであると聞かしていただいております。そして、

「遠方のところ、ようまあ、はるばると帰っておいでたなあ」

といって、心からおよろこびくだされたのが教祖の親心でありました。この道は、どこまでも心の道であります。

七ッ　なにかめづらしこのふしん
しかけたことならきりハない

おやしきのふしんは、きりなしふしんである。珍しいたすけ、ふしぎふしんである。世界中の人々がたすけ上げられた時、これらのふしんの完成された時である。だから実はこの道はきりなしふしんであります。

「つけかけた道なら、どうでもつけにゃならん。たすけにゃおかん」
と仰せくだされるこの道であります。

この道はだめの教えである。何がだめの教えであるか、身上の解決は、物質、金銭、財物ではできないのである。その身上のたすかる道を教えてくだされたのが、身上かしもの・かりものの理であります。すなわちたすからぬ身上に不思議なるご守護を下される、だめの教えであります。

多くの中不思議やなあ、不思議やなあと言うは、何処(どこ)から見ても不思議が神である。

（明治37・4・3）

珍しい不思議という、人間力でどうにもならんところをご守護いただくのが、珍しい不思議であります。すなわち神様のご守護であります。

このふしんが始まった以上は、たすけにゃおかんというのが親神様の思わくである以上、実にこれが終わりであるとのきりがないのである。と共に、この道は、人が止めようとして止まらぬ道であります。

さてこの道に現れている姿は、いかにも苦労に見える、また事実苦労でもありましょう。といって、この苦労やからといって逃げる、やめるという道ではない。この苦労をよろこんで生かして通らせていただくからたすかるのであります。珍しい、不思議なご守護を頂くためには、それだけの苦労もなければならんはずである。

教祖のお道すがらは、実にご苦労の道すがらでありました。その教祖のご苦労について、教祖はこう仰せくだされたのでありました。

「私は苦労でもなんでもないのやで、人に頼まれてしていることならやめるということもあるやろうが、人に頼まれてしているのやないもの、やめられんがな。苦労でもなんでもないのやで」

これが教祖のお心であり、やめるにやめられんがなと仰せくだされたように、これが教祖の、一人残らずたすけ上げずにはおかんと仰せくだされた親心である。実にこの道は珍しいふしぎふしんであって、この道をお創めくだされてより、きりのないきりなしふしんであります。

この教祖のお心をわが心として、道のお互いは通らせてもらわねばならんのである。このきりなしふしんの完成に向いて、一生懸命のご用をさしていただかねばならんのであります。

八ッ　やまのなかへとゆくならバ
あらきとうりやうつれてゆけ

お道のいまだ開けない、荒道への布教には、それに適するような人を連れていかなくてはならんのである。人々には、皆その人の持ち前がそれぞれあるのであって、ちょうど道具の理と同じであって、その道具によってその使い所が違うように、その人々によって使い場所が違うのであります。その持ち前を、お道の精神で使わしてもらわねばならんのであります。これは決して道具によってその善し悪しをいうのではなくて、その道具に適うように使わなくてはならんと同じであります。元気のある者には、一に勢いとも仰せくだされるごとく、こうした道具でなければならんのであります。

人のできないことをすることが、荒道を命がけですることが、荒木棟梁ともいい得るごとく、これを道の中の人に譬えていうならば、秀司先生こそは荒木棟梁であったと申し得るのであります。お道の公認のために初めて京都神祇管領の吉田家にお越しくだされたのは、秀司先生でありました。明治九年に、宿屋兼風呂屋業の鑑札を貰うために堺県へお越しくだされた。また明治十三年には金剛山地福寺に、同出張所の看板をかけるためにお越しくだされた。その明治九年、十三年には、行くならば神が途中で退くでとも教祖は仰せになったのでありました。が秀司先生は断行なされた。これは生命を投げ出して、教祖なる肉身の親を思うためでありました。今にこれを思う時、昔語りとして易々といい得られることであっても、これを断行なされた秀司先生の、道を思い教祖を思う上からのこの精神には、なかなかなり得ないのではなかろうか。これこそ道の荒道を踏む荒木棟梁たるのご用をなされた雛型であります。

時と場所によっては道具もいろいろに入用であるごとく、道にもいろいろその時と場所によって、その人の使い道もあるのであります。

そこで荒木棟梁とは、道の荒道を開く人、あるいは荒けずりのご用をする人、とも悟れるのであります。

九ッ　これハこざいくとうりやうや
たてまへとうりやうこれかんな

世界の立て替え、世の立て替え、教祖のご理想であるかんろだい世界の建設を目標として、おたすけのご用をさしていただくのが、道のご用であります。この大きなご用をさしていただく上から、「五ッ　いづれとうりやうよにんいる」と前に仰せくだされてある。その四人とは何であるか。この下りにはっきりと、「これハこざいくとうりやうや　たてまへとうりやうこれかんな」と、小細工棟梁、建前棟梁のことをここで挙げられておられるのである。この二つと、「八ッ　やまのなかへとゆくならバ　あらきとうりやうつれてゆけ」と荒木棟梁の記されていることも事実であります。今一つは何棟梁であるか。これが問題であります。前にも言いましたように、飯降本席様のことをば、大工でありました上から、また扇のさづけを戴いておられた上から、伺い棟梁といわれておられたので、これを四人の中に入れるという悟りもあるのでありますが、おたすけのご用を、心の入れ替え、身の立て替え、世の立て替え、かんろだいの建設と、建築の上からお諭しくだされたことを思案いたしますと、神意をお伺いくだされる伺い棟梁というものは、この四人のほかのようにも悟られて、「九ッ　これハこざいくとうりやうや　たてまへとうりやうこれかんな」と仰せくだされるように、最後のお言葉である「これかんな」という上から、大工の仕上げをするかんな棟梁が四人の一人であるとも、悟ることができるのであります。

すなわち、「伺い棟梁、荒木棟梁、小細工棟梁、建前棟梁」あるいは「荒木棟梁、小細工棟梁、建前棟梁、かんな棟梁」と悟らせていただくことができるのであります。以上四人の棟梁は、その人の悟りの問題としておきましょう。

さて小細工棟梁とは、人によって特別の技能を持っておられる人である。ときにはこうした人も必要である。例えば会計である、あるいは庶務であるとか、いろいろ部分的に技能を持っておられる人であろうと思います。

建前棟梁とは、教会を治めていくとか、教会の建て替え、教会の事情を治めていくとか、こうしたご用の方をいうのでありましょう。かんな棟梁とは仕事の仕上げをする人、最後のかんなで仕上げをするごとく、教理の上からしんみり仕込んでいく人、というような意味でありましょう。

以上いずれにしても、この仕事をはっきりと区別し、切り離して考えることはできないが、いずれも密接なる関係のあることはいうまでもないことであります。

十ド　このたびいちれつに
　　だいくのにんもそろひきた

とうとう親神様の思わくの大工も揃（そろ）い、道の道具も揃うて、道は次第に大きく伸びていくのであるとの、よろこびをお祝いしてくだされているのであります。

この親神様のおよろこびの実現をさしていただくのが、われわれの日々の努力である。一日も早く、このよろこびを頂く日にならしてもらわねばならんのであります。

親神様のおよろこびになる道の大工とは、いかなる人間、いかなる精神の者であるか。これをよくよく思案さしてもらわねばならんのである。ここに信仰する人の心の成人の妙味がある。誰がこの親神様のお心に適う大工であり得るのであるか。これめいめいわが心にあることである。決して形ではない、心であります。しかし教祖の見抜き、見通しのお心には、みな映っているはずであります。目に見えたことしか分からない人間には、形に見えたこと、人から認められるようなことしか、したがらないのである。人間心を相手にしているようなことでは、真に道のご用をしているとはいえない、親神様に受け取ってもらっている大工とはいえないのであります。

石の上に種を置く、風が吹けば飛んで了う、鳥が来て拾うて了う。生えやせん。心から真実蒔いた種は埋ってある。鍬で掘り返やしても、そこで生えんや外で生える。（明治23・9・30）

と仰せくだされるように、真実心の種は、人間心で人に見てもらうというような、石の上に種を置くような蒔き方では、なんにもならんのである。種は土の中である。人から見ていただかなくても、土の中ならば、神様に受け取っていただくことができる。種は真実である、真実種は真実の人にしか蒔けないのであります。真実蒔いた種ならば、必ず神様が受け取ってくだされて、人がどうしよう、こうしようとしても、蒔いた土の中に種がある以上は、所は変わってても必ず生えてくるのであります。この精神がお道の大工の精神であります。教祖ご在世当時、人からは非難攻撃の真っただ中、今日一日という日もなくお通りくだされたのでありました。がしかし、今日のこの道のありがたさ、これは教祖の真実種より生えてきた一粒万倍のご守護の現れであります。

誰も人の見てない離れ小島で、さびしく教祖の道を説く人、これまた荒木棟梁のご用ではありませんか。

これという信者もない事情教会で、集まる人がなくても、畳や、柱に向かって教祖の道を説く人、これまた建前棟梁ではありませんか。

集まる金は一文もなくても、そのつなぎに心を込めて、教会のつなぎに真心をつくしている人、これまた、つなぎのご用をしておられる小細工棟梁ではなかろうか。

表面には見えないが、一人の信者も無駄にしては申し訳ないと、陰にあってその仕込みに丹精している人、これまた、かんな棟梁なる仕上げの棟梁ではなかろうか。

親神様から受け取っていただく道は、形や目に見える華やかな仕事ではない。道は、こうした種を蒔かれたところから成ってきたのである。人間の造った道でない。神様につけていただいた道である。その種を蒔かしていただくのが道のよふぼくである。道の大工の仕事である。

種は土の中に蒔かなくてはならぬ。石の上においても生えはせん。今日の道において、これをよく思案せねばならんのである。大きな道に出していただいて、道が伸びないようでは申し訳ないのである。復元とはなんであるか。教祖時代に復(かえ)ることである。信仰をここにおくことである。道は、親神様のご守護を頂くその理をつくらなくてはならぬ。ご守護を頂くように理を動かさなくてはならぬ。これは人間の形ではどうにもならんのである。理は見えないが、ご守護となって初めて見せいただくことができるのである。

本ふしんは、世界の人が皆寄り合(お)うてできてこそ、道の本ふしんである。その道明けとして、真柱様は海外にまでご苦労くだされている。七十年祭の迫っている今日なればこそ、こうしたご用の上にもお働きくだされているのであります。

この道ほどありがたい道はない。つくしただけ、働いただけ、みなわが徳としてくだされるありがたい道である。この道ほど実力の道はない。心次第、実力次第であります。

（昭和二九、七、二〇）

結びの言葉

全文を読みかえした時、みかぐらうたにこそ、教祖(おやさま)の御(み)教えが、いかにも分かりやすくお教えいただいておるという思いを、今さらのようにひしひしと感じました。これのお教えくだされました当時のお道は、実にまだ信者のぼつぼつとつき始めたころでありました。いわばお道の子供という時代でありましょう。が教祖を親として慕い集う子供にも、十分によく分からせていただくことのできるお歌でありましたろう。しかも親しみのある、優しい、和(なご)やかなお心が溢(あふ)れております。実に、誰にでも分かりやすいお歌であります。がこれを究(きわ)めるとなると、なかなかその悟りの深い、大きい、くめどもつきぬという思いが致します。これいうまでもないことでありましょう。子供が月日の大きなお心に手がとどかないように、さもあろうことと思います。が、大きい深いお心をまともに掴(つか)めないと致しましても、その親心の一端にでも触れさしていただくことのできたということは、私のとても言われないよろこびであります。しかも、みかぐらうたさえしっかりわが心に悟りをつけて、これをおさめて、この道を通らせていただくことができましたならば、こんなありがたいことはないと、今さらのように感じさせていただきました。

前にも申しましたように、このお話をさしていただきました前後の期間は、大変に日も長く費やしたものであり、その度ごとに書き留めておいた原稿でありますので、今これを読みかえしてみて、同じ引用のお言葉が、前後に出ておりますことがままあります。一気に書いたものならば、こうした重複もさけたでありましょうが、そのお歌、お歌に、その時、その時に、私に浮かばしていただいたそのままにお話をさしていただき、それを書き留めたものでありますから、こうしたものになって出来上がりました。重複しているからといって、除けぬこともないのではありますが、今さらこれをとると、せっかく積み上げた石垣がくずれるようにも思われて、そのままにしておきました。この点お断り申しておきます。

昭和三十年三月九日

香　志　朗

みかぐらうた語り艸

立教118年(1955年) 4月26日　第1版第1刷発行
立教137年(1974年) 3月26日　第2版第1刷発行
立教165年(2002年) 9月26日　第3版第1刷発行

著　者　桝井孝四郎

発行所　天理教道友社

〒632-8686　奈良県天理市三島町271
電話　0743(62)5388
振替　00900-7-10367

印刷所　株式会社天理時報社
〒632-0083　奈良県天理市稲葉町80

ISBN 4-8073-0478-X
定価はカバーに表示